はじめに

知的障害のある人を地域で支える福祉制度やサービスは、充実してきています。「障害者は施設で保護されて暮らすべき」というような考え方も少しずつ薄れてきました。それでも私たち親・家族は、「親なき後」の子どもの生活が心配です。「子どもが困らないだけの生活費を」「親代わりに本人の生活を支えてくれる人は?」「生涯を全うできる暮らしの場はどこに」…。こうした自問を何度となくくり返してきました。

そうした心配をもつ方にこそ手にとってほしいと考え、私たちは本書を送り出しました。高齢期を迎える知的障害のある人を支える上で必要な視点を、私たちは「相談」「医療」「住まい」「お金」の四つに整理しています。特に「相談」は生活全般を、「医療」は生命と健康の基礎を支える欠かせないものと考え、その上に「住まい」と「お金」の問題を位置づけています。

「親なき後」に不安を感じているみなさんには、ぜひこの四つの視点から知的障害のある本人のこれからを考えてほしいと思います。解決策は、すぐには見つからないかもしれません。それでもきっと、みなさんが本人や支援者、専門家などと一緒に考え、悩み、試行錯誤してきたことは、本人の生活を支える基礎になるはずです。最終的にどんな生活を送るか決めるのは、知的障害のある本人です。

「親なき後」について、一人で抱えこまず、「こうあるべき」と決めつけることもせず、知的障害のある本人たちの笑顔をこれからもつないでいくために、できることから準備を進めてほしいと考えています。

全国手をつなぐ育成会連合会

目次

第1章

老いるということ

高齢期を迎えた人たちの暮らし

毎日の生活、仕事、周囲との人間関係――。高齢期を迎えた知的障害のある人たちは、実際にどのような日々を送っているのでしょうか。家族から直接的な支援を受けるのではなく、福祉サービスなどを利用しながら暮らしている3人の方の生活を紹介します。

日常生活の細やかな支援を受けながら街で暮らす

――井上孝治さん（大阪府・68歳）

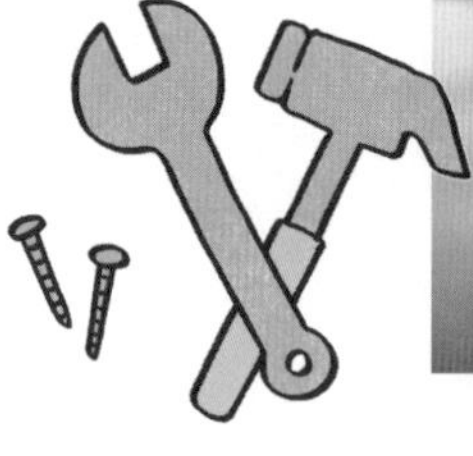

大阪・堺市で暮らす井上孝治さん（仮名）は、68歳の男性。平日は、自宅から歩いて10分ほどの就労継続支援B型事業所に通っています。通所先では、商品包装用の箱折りやビニール袋を折りたたむといった軽作業を行っています。以前は、市内のアミューズメント施設に設置されるベンチの補修作業なども行っていました。現在は障害基礎年金と工賃、生活保護で生活しています。

障害の軽い井上さんは、職場を転々としながらも一般企業に勤めるなど、福祉サービスとは縁のない生活を送っていました。両親は井上さんが40代のときに他界。その後は、姉が日常生活全般の支援を行いながら二人で生活してきました。

福祉サービスとのつながりをもったのは2008年。井上さんが失職し、求職相談に訪れたハローワークで障害者就労支援について紹介され、市内の相談支援事業所に相談に訪れたことがきっかけでした。「井上さんは『日中は働くもの』という意識が強く、仕事に就くことを希望していた」と、現在、井上さんの支援にあたる相談支援専門員の駒俊之さんは振り返ります。

その後、姉が事故で障害を負い、井上さんの生活を支えていくことが難しくなりました。井上さんの希望もあり、2017年から姉と離れて一人で暮らすことに。物件探しや賃貸契約、水光熱費の支払いなどか

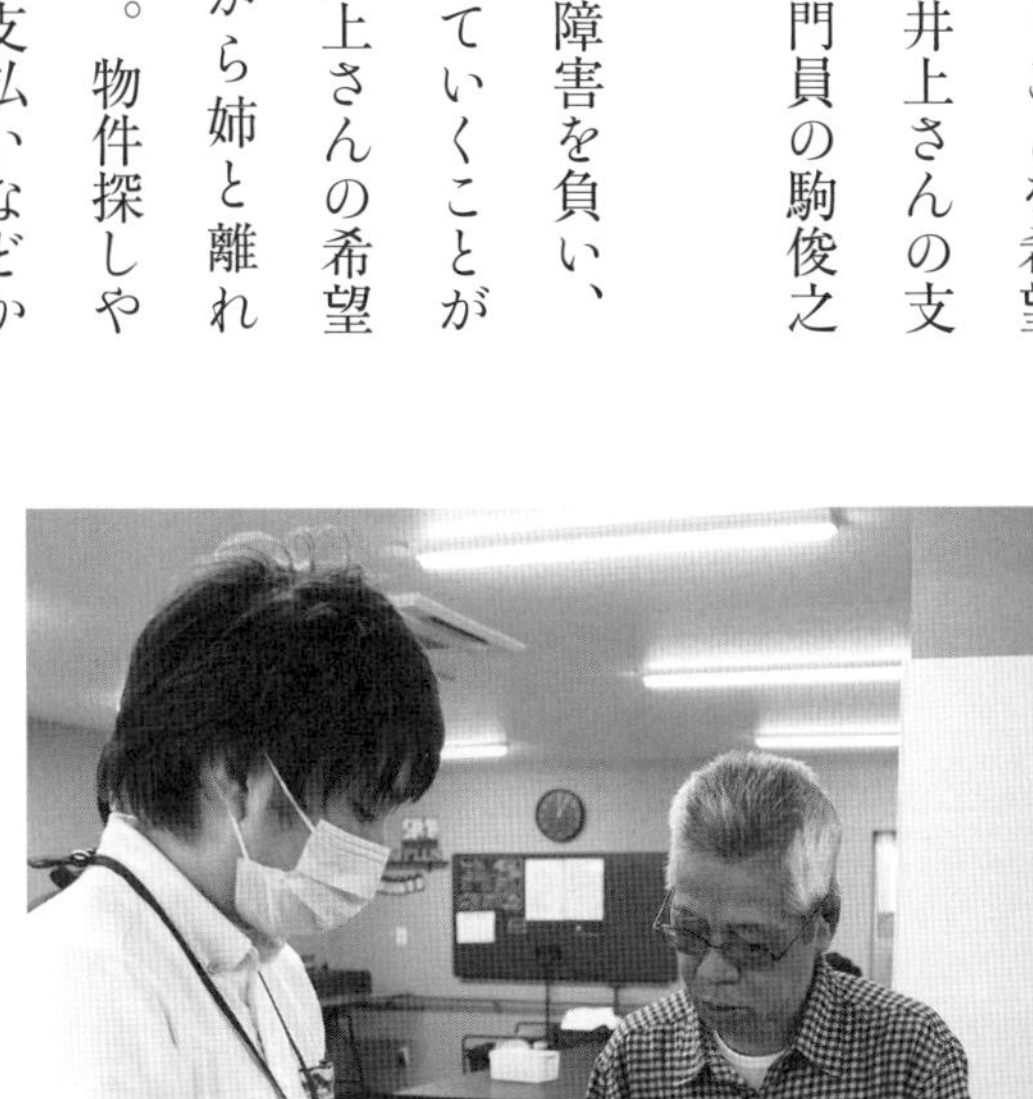

ら、それまで姉が行ってきた家事を井上さん自身ができるようにすることまで、相談支援事業所（計画相談支援）が中心になって支援しました。それまで家事の経験がほとんどなく、手順や方法がわからなかった井上さんに、支援者が洗濯機のボタンに順番を示すシールを貼ったり、一緒にご飯を炊いて炊飯器の使い方を伝えたりして、一人で暮らしていくための環境を整えていきました。

姉から離れて自ら生活を組み立てていくなかで、井上さん自身も変わっていきました。それまでは姉に守られる一方、自らの意思や責任を前面に出すことはありませんでした。しかし、今では自分で決めて実行し、困ったら周囲に相談するよう

になってきているようです。「電気代の支払い方がわからなくて電気が止まってしまったことがあったのですが、なぜ電気が点かないのか、私たちにSOSを出す前に、停電ではないかと近所の人に聞いて回ったそうです」（駒さん）

生活していく上で課題もあります。料理が苦手な井上さんは、ご飯は炊けるもののおかずを調理するのは難しく、スーパーやコンビニの惣菜で食事を済ませることがほとんどです。「年齢的なことを考えると、やはり栄養面での偏りは心配」と話す駒さん。現在、家事援助のヘルパー利用に向けて井上さんと話しあっています。

さまざまな課題があり姉とは距離を置いてきた井上さんですが、その関係にも変化が出てきています。サービス付き高齢者住宅に入居した姉を定期的に訪ね、一緒に時間を過ごすようになりました。井上さんの相談支援を担当する駒さんたちと、姉を担当する介護保険のケアマネジャーが連携し、そうした機会をつくっています。「いろいろな人に見守られながら生活しているお姉さんの様子を見ることで、井上さん自身の安心にもつながっている」と、福

井上さんの支援イメージ

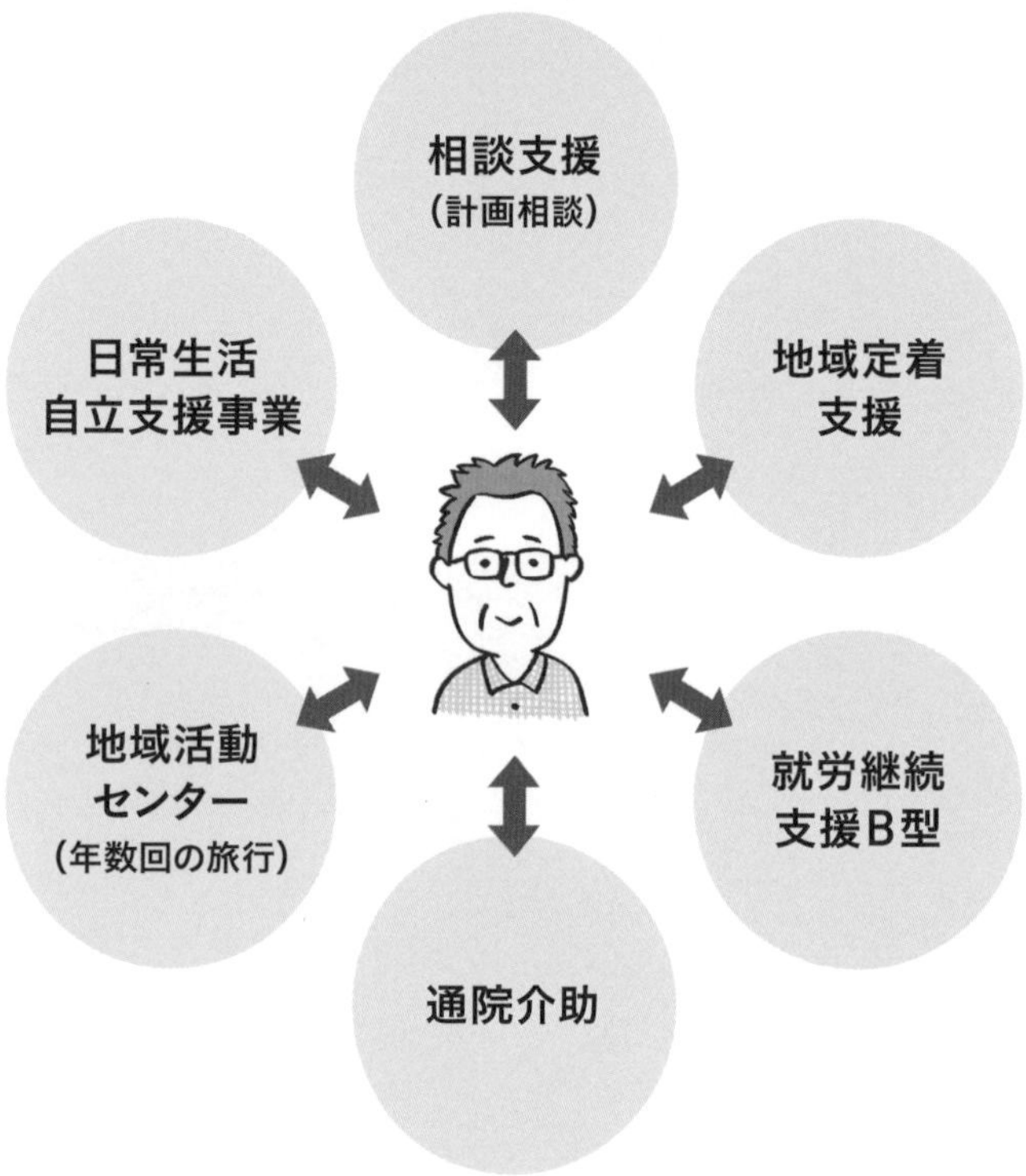

相談支援（計画相談）
地域定着支援
就労継続支援B型
通院介助
地域活動センター（年数回の旅行）
日常生活自立支援事業

姉の住むサービス付き高齢者住宅を訪ねた井上さん。
姉弟で定期的に話をするようになりました。

祉サービスだけでないインフォーマルな関係性の大切さを駒さんは強調します。

働くことにやりがいを感じている井上さん。「これからも、いまの仕事を続けたい」と話します。日中は通所して作業を行い、帰宅後は夕食を食べながらビールを飲み、休日は友達と出かける――。そんな現在の生活を基本としつつ、心身や生活状況に変化があった場合には相談支援を活用しながら新しい支援を組み合わせていくことを希望されているようです。

自らの生活に合わせて必要なサービスを活用し、住み慣れた地域で暮らしつづける。それが、井上さんの選択です。

子として親を見送ることの大切さ

――― 島崎和子さん（北海道・66歳）

「これ、したかった」

島崎和子さんは、両手で相手の手を握るような仕草でつぶやきました。その前日には、島崎さんの母親と姉が、島崎さんのグループホームに泊まりに来ていました。認知症の症状が進み、少し離れた町の高齢者施設で暮らす母親。大好きな母親の介助を自分でしたかった、歩くときに手を引いてあげたかった。島崎さんは、そう思ったそうです。

北海道南西部、伊達市にあるグループホームで島崎さんは暮らしています。同市には入所施設「太陽の園」があり、1971（昭和46）年から入所者の地域移行を進めています。施設の設立間もない1969（昭和44）年、島崎さんは17歳で太陽の園に入所。87年に施設の敷地内につくられた生活実習棟（職員公宅を利用）に移り、その後、市内のグループホームに入居しました。2014年に現在のグループホームに移り、日中は生活介護事業所で箱折りなどの作業を担当しています。

10年ほど前から、身体の衰えや認知症の症状が見られるようになった両親を、島崎さんは心配していました。料理の火を消し忘れたりする母親の姿や、転倒してけがをする父親の姿を実家に帰るたびに目の当たりにしながら、両親の変化を感じ取っていきました。就労継続支援B型で弁当の調理・配達を行っていたときには、事業所とも相談し、安否確認を兼ねて両親に島崎さんが弁当を届けることもしました。

島崎さんのグループホームの運営法人である伊達コスモス21では、グループホームの利用者が60歳を迎えた時に還暦祝いのパーティを行っています。その人が大切だと思う人、その人の人生に大きな影響を与えた人を招き、みなでお祝いするのです。島崎さんの還暦祝いには両親も参加し、島崎さんは感謝の手紙を読

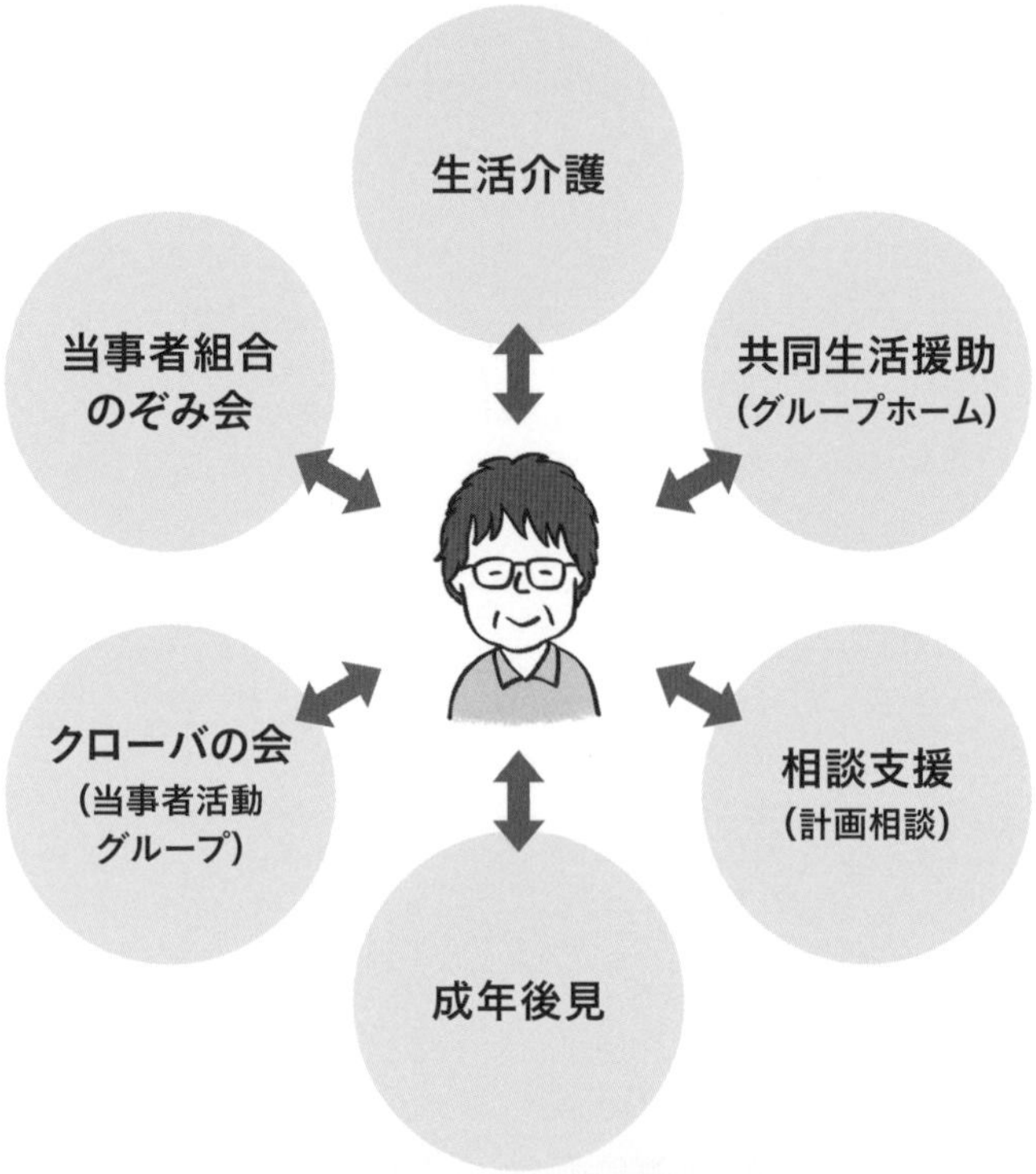

み上げて花束を渡しました。父親はその翌年に入院。島崎さんも職員と一緒に何度もお見舞いに行きました。亡くなる二日前、返事もできない状態だった父親も島崎さんの声かけには応え、島崎さんの手からプリンを食べたそうです。それが最後の食事になりました。

「父が亡くなる時も、ある日とつぜん『死んだんだよ』と伝えるのでは和子も理解できないし、何より私たちも和子の父への思いに気づけなかったはず」と、姉の藤吉恵子さんは振り返ります。だからこそ、母親には島崎さんの今の生活を、島崎さんには母親の老いる姿を感じてほしいと、グループホームに親子3人で泊まり、一晩だけでも時間をともにしたかったと言います。

「〝親なき後〟と言われるが、それは親を中心にした考え方。知的障害のある本人を中心に考えれば〝親をどう見送るか〟が大切であり、周囲もそれを支援していくことが自然なはずです」。同法人常務理事の大垣勲男さんは、こう話します。同法人では利用者の高齢化に対する支援だけでなく、人生の終盤を迎えた家族に一人ひとりが向きあえるような支援にも力を入れています。

島崎さんの支援イメージ

グループホームに親子で泊まった日。母親に付き添う島崎さん。

親子で島崎さんの部屋に泊まってから2カ月後、体調不良で入院していた母親が息を引き取りました。駆けつけた島崎さんは、初めはわからないようでしたが、次々と集まってくる親族の様子から少しずつ理解し、大きな声で泣いたそうです。

いったんグループホームに戻り、実家に帰る準備をして実家に行くまでの車中、島崎さんはこうつぶやきました。「お父さんも、お母さんも、一生懸命よく働いた。がんばった」。

親の老いと死を、さみしさや悲しみのなかで少しずつ受け入れていく。子として誰しもが経験しうる別れに、島崎さんはいま、向きあっています。

誰かといることも一人でいることも実現できる生活

――永田 孝さん（神奈川県・75歳）

「友達がいるから、さみしくないですね」

横浜の住宅街にあるグループホームで暮らす永田孝さんは、グループ

ホームでの暮らしをこう振り返ります。

山形県で6人きょうだいの次女として生まれた永田さんは、20代後半で東京に移り、母親と一緒に暮らしながらアクセサリー製造の会社で働いていました。1994年に母親が亡くなった後は一人で暮らしていましたが、夫を亡くした姉から誘われ、50歳を過ぎたころから横浜で姉と二人で暮らすようになりました。姉のすすめで地域内の通所施設に通いはじめ、施設の関連法人が新しくつくるグループホームに入居することになりました。

永田さんは日中、2カ所の生活介護に通っています。週2日通う施設では簡単な作業などを行い、別の2日は施設外就労の扱いで区役所に隣接するカフェで働きます。もう1カ所の通所先では、ヨガをしたり健康に関する話を聞いたりして過ごします。どこもグループホームからバスで行ける範囲にあり、永田さんはバスを使って通所しています。

持病の治療のために月に数回、東京都内の病院にも電車で通います。そのときに、かつて一緒に会社で働いていた友達と食事をすることも楽しみの一つです。好きな演歌歌手のコンサートにもガイドヘルパーを利用して年に1～2回行きます。また、横浜市が設置する障害福祉関係の委員会や福祉関係団体に委員として参加したり、本人活動に取り組んだりと、平日も土日も忙しく過ごす日々。当事者の立場から講演などを依頼されることもあります。「グループホームの生活のことや『私たちの話を聞いてほしい』というような話をします。もう慣れているから緊張しません」と話します。

2014年に内ヘルニアの手術を受けてから服薬を続けるなど、健康面で不安なこともあります。そうした不安は、グループホームの職員などに相談します。職員も、本人活動や会議などが続いているときは永田さんの様子を見ながら通所を少し休む提案をしたり、食生活や服薬、通院の付き添いなど体調管理面を含めて生活を幅広く支援しています。

「永田さんは不安なことがあると気にしすぎて眠れないこともあるので、なるべくゆっくり話ができる時間をつくっています。特に親族の体調は気にされているので、そうした不安を聞けるように心がけています」と、グループホーム職員の島崎由宇さんは話します。こうした支援について、永田さんも「誰かにすぐ相談できるのは安心」と感じています。

グループホームで過ごすときは、一人で音楽を聴いたり、テレビをみたりすることが多いと言います。誰かと話したいと思うときは共用の居間で他の入居者や職員と世間話をするそうです。「グループホームでは一人でいることも、誰かと一緒にいることも両方できる。一人暮らしのときは少しさみしかった」と永田さんは話します。

そのほかグループホームで永田さんは、食事後の食器の片付けを職員と一緒にしたり、カフェでの仕事のときに持っていく弁当を作ったりといったこともしています。

山形にルーツをもつ永田さんは、いまでもお盆の時期には帰省して墓参りを欠かしません。また、通所先やグループホームのメンバーとの旅

左／支援者と。右上／写真が趣味の永田さん、グループホーム前の桜並木を撮りました。右下／グループホームでの旅行。

行も楽しみにしています。
「いつか、青森のねぶた祭と山形の花笠まつりに行ってみたい」と言う永田さん。いまの生活や活動を大切に続けながら、長く元気で過ごしたいと言います。

永田さんの支援イメージ

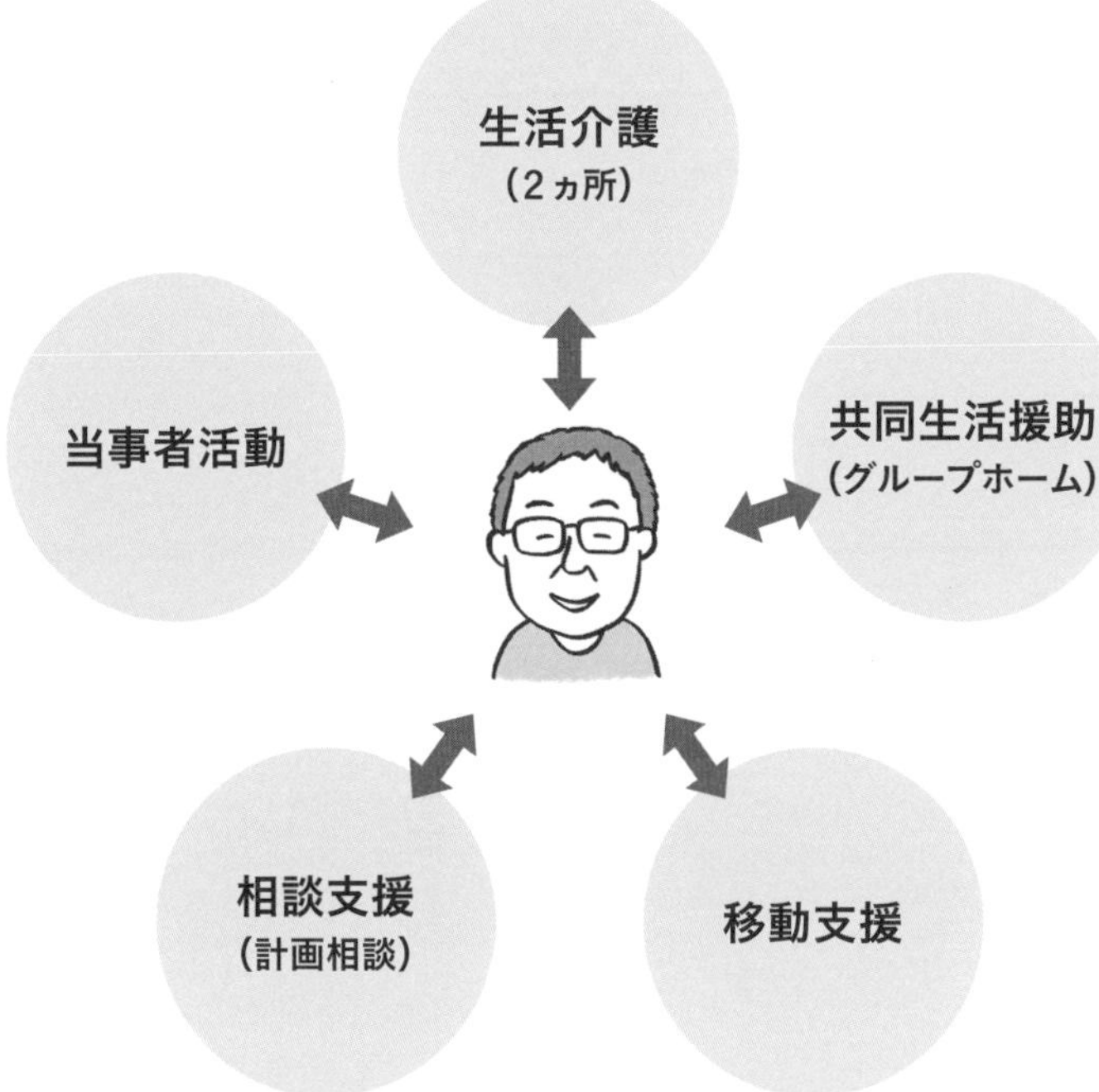

知的障害のある人の「老いる」を考える

この章で紹介された3人は、
60代後半から70代半ばの知的障害のある人たちです。
3人の事例から、知的障害のある人が
年齢を重ねてゆくということと
その暮らしについて考えていきましょう。

誰がどう支える？どこで暮らす？

以前は、親の病気や死をきっかけに、住まいの場を入所施設に移す人も少なくありませんでした。しかしこれからは、誰もが暮らしやすい地域共生社会を目指す時代です。3人の事例からは、様々な障害者向けの専門的制度・サービスを中心に、支援を受けて地域で生活する様子が読み取れます。単身でアパートに、あるいは仲間とグループホームで暮らす人や、住み慣れた家で一人暮らしをする人もいます。

どこで暮らすとしても、忘れてはいけないとても大事なことがあります。それは、人々の生活は多様であり、その人の価値観に基づいて営まれるということです。その人の生い立ちや家族、これまで経験してきたこと、やり遂げた経験や失敗経験、得意なこと、好きなことや苦手なことなど、人生は人それぞれです。そして、これから先にどのようなことを希望するのか、どのような生活をしていきたいかも人それぞれです。

このとき一人ひとりの暮らしを支えるために、本人の希望に寄り添いながら、その人に合わせて様々な社会資源のコーディネートを行うのが相談支援専門員です。この本の第2章「相談について」に詳しい解説があります。相談支援専門員は、本人の生活全般を見渡して本人を中心とした輪型の支援チームを形成します。この際、障害福祉サービスだけでなく、医療や介護保険、生活困窮者を支える制度、民間事業者のサービス、地域住民による見守りの仕組みなど様々な社会資源を検討して組み合わせます。もちろん、一般消費者向けの店舗やサービスを利用することも地域生活の大きな支えとなります。

高齢期の知的障害のある人の暮らし

さて、知的障害のある人が高齢期になると、その暮らしはどうなるでしょうか。

医学の進歩や衛生・栄養状態の向上、ライフスタイルの変化などの影響を受け、私たちの国は、高齢期に入ってからの人生が20年以上あっても不思議ではない長寿社会となりました。高齢となった初期は、意欲や能力に応じて働き続ける人も少なくありません。現役の頃には取り組めなかったスポーツや趣味を始めた、配偶者と家事を分担するようになった、という話もよく耳にするでしょう。一人目の井上孝治さんの暮らしは、そうした一般高齢者の方々と共通する部分も多くあります。高齢期の入り口では、一人暮らしという新しい挑戦を始めるなど現役世代に引けをとらないくらい活発に過ごすことができます。長らく親しんできた労働中心の生活から少しずつ離れてゆく時期でもあります。

後期高齢者となった三人目の永田孝さんは、年齢を感じさせない活発さがある一方、健康面で不安な点があり、通院や服薬、栄養面での配慮、活動量の調整などをグループホーム職員が支援しています。このように、歳を取るにつれ、私たちの心身機能は少しずつ低下し、暮らし方が穏やかになっていきます。そして、様々な疾患に罹りやすくなります。

さらに歳を重ねると、個人差はありますが一般的に、自身でできることは徐々に少なくなり、生活面で支援を必要とする度合が増えます。第3章にもあるように知的障害がある人では一般より老化の兆候が早期に現れるという報告もあります。生活している環境が不適となる場合もあるかもしれません。その場合でも、本人の希望を第一に、本人の様子をよく知る人たち、すなわち支援チームで検討し、最もよいと考えられる選択を行います。そして、実際に選択したあとも、本人の意思と主体性に沿って、定期的に見直していくことになります。

家族の支えを徐々に失う

二人目の島崎和子さんは、長い人生においていつかやってくる親の老いと死に向きあっていました。親しい人が迎える人生の最終段階において、限られた時間を共有し親密な感

情を交わしたいと思うのは自然なことです。親と離れてグループホームで暮らす島崎さんにとって、高齢となった親を慈しむ経験は、親との死別に備えると同時に、亡くなった後の悲嘆や大きな喪失感を支えることになったはずです。

島崎さんの母親がそうであったように、人は誰しも加齢に伴い健康状態を保ちづらくなり、できることがだんだんと少なくなります。家族、とりわけ親が本人を支える機能が低下し、本人の地域での暮らしに大きく影響するようになります。島崎さんは親と離れた暮らしでしたが、親と同居している場合、まだまだ健康で活発な50歳頃から、知的障害のある人にとって長らく安定的だった地域生活は、親による支えの機能を喪失することで揺らぎやすくなるのです。

子どもの人生を支えるために親や家族ができること

この本では、親が健在のうちから親への依存度を相対的に減らし、親自身も本人を支える支援チームの一員として参加するよう提案しています。ぎりぎりまで親が支え、支えきれなくなったときに誰かに丸ごとバトンタッチするのではありません。近親者への依存の集中は、その近親者が支えられなくなったときに生活の危機を引き起こします。大事なのは、親が子どもを支える機能が弱くなる、あるいは喪失してしまう前の

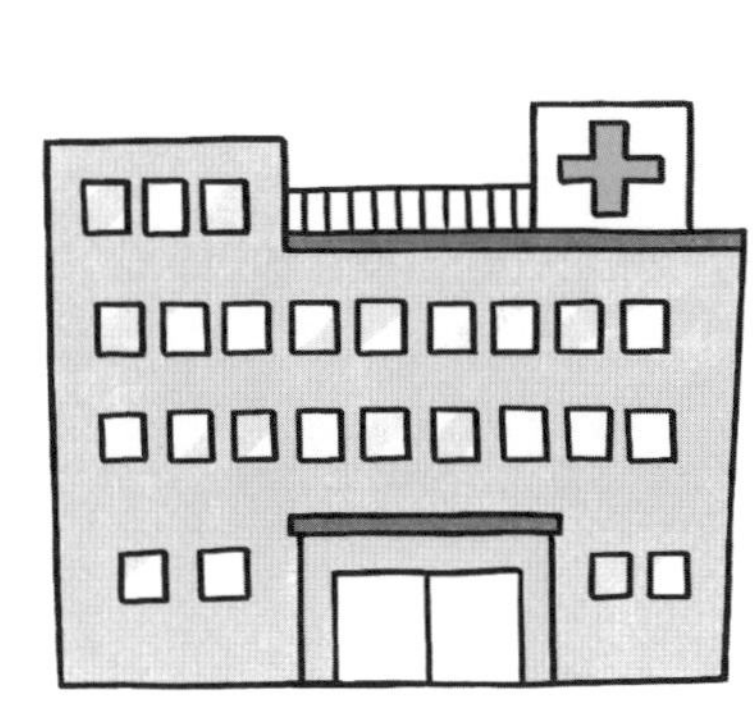

早い段階から、本人を中心に、支援チームの応援の元での暮らしを経験することと、そしてその経験を重ねることです。親も悩んだり迷ったり失敗したりしてきたように、支援チームにも経験と訓練が必要なのです。

このとき、親が本人のことをよく知るキーパーソンであることには間違いありません。本人を支えるチームの一員として本人の生活歴や生活の様子を伝え、疑問や質問があれば率直に尋ねましょう。お互い意見と知恵を出しあい、本人の一度限りの人生を支えるうえでよい道を探っていけるはずです。

一人目の井上さんは、日中は通所して作業を行い、帰宅後は夕食を食べながらビールを飲み、休日は友人と出かけています。三人目の永田さんは、生活介護事業所に路線バスで通い、古い友達との食事やグループホームの旅行、好きな歌手のコンサートを楽しみ、お盆時期には帰省して墓参りをします。音楽を聴いたりテレビを見たりと一人で過ごす時間も充実しています。このように、生活とは、その人の意思と主体性を基礎に、日々の暮らしを選びとってゆくことです。そして、その積み重ねが、誰のものでもないその人の人生です。他の誰かがその人の人生を生きることはできないのです。

知的障害のある人が、尊厳を持っていきいきとその人らしく、かけがえのない一度限りの人生を送るために、できることから一緒に始めませんか。

文／大村美保

おおむら・みほ●筑波大学人間系障害科学域。博士（社会福祉学）。全社協、国立のぞみの園研究部を経て現職。現場経験に重症心身障害児施設指導員、相談支援専門員など。

第2章

相談について

コーディネーター役を見つけよう

知的障害のある人に寄り添いながら、その生活を支える相談支援。当事者の意思を具体化し、同時に家族の不安にも応える存在として、高齢期の知的障害のある人を支えるうえでも要になる存在です。相談支援が担うコーディネーターとしての役割と、それを中心にした支援のネットワークについて解説します。

文／福岡 寿

ふくおか・ひさし● 1990年度に現在の相談支援専門員のはしりとなる「地域療育拠点施設事業コーディネーター」として、在宅障害児者とその家族の相談に応じる仕事に就く。現在、日本相談支援専門員協会顧問。長野県自立支援協議会会長。1999年より4年間、全日本手をつなぐ育成会（当時）機関誌『手をつなぐ』の編集長を担う。

親なき後のコーディネーター役は

「親代わり」は必要？

何かあったときや、この先どうしていったらいいか困ったときに相談に乗ってくれて、様々な調整や関係機関へのつなぎといった段取りを整えてくれる役を「コーディネーター」と呼びます。

療育手帳や様々な手当の申請、**養護学校**などの就学先の決定、障害基礎年金の申請、卒業後どこの施設に通うか、どこの施設で暮らすか……。これまでも人生の節目節目でいろいろなことがあると、多くは親御さんが行政の窓口や学校の先生、施設の担当者などに相談したり、ときには育成会（親の会）の集まりや施設の保護者会などで先輩の親御さんに相談したりするなどして、制度利用の申請や様々な段取りをしてきたと思います。

親が元気でいられる間は、こうしたコーディネーター役を何とか親自身が行うことができます。しかし、親御さんが本人の生活の細かい部分まで手配しなければいけない状況では、親なき後のことを考えると心配になってくると思います。

用語説明

養護学校
特別支援学校の昔の呼び方のひとつ。2007年に特別支援学校に名前が変わりましたが、今でも養護学校という名前を使っているところもあります。

成年後見人
82ページに詳細。

グループホーム
障害などのために生活に支援が必要な人たちが何人か集まって住む家です。支援者が洗濯や調理、掃除などの日常生活を支え、相談事などにも乗ってくれます。障害の程度などに応じて、住居の形態や支援の体制はさまざまです。

生活介護
比較的障害の重い人が通う

親なき後、本人の生活を誰に託していったらいいか、思い当たる人はいるでしょうか？後を継いでくれる兄弟姉妹、日ごろから頼りにしている親戚、通っている施設や入所している施設の所長さん…。あるいは、すでにこうした方の中からわが子の**成年後見人**を選任し、親なき後の準備を進めている方もいるかもしれません。

わが子の生活をコーディネート

親以上にわが子のことを気にかけてくれる人はいないかもしれません。

それでも、養護学校時代のかつての担任の先生や利用している施設の職員、育成会役員の方など、「○○さん元気でやっている？」と折に触れ、わが子のことを気にかけてくれる人が大勢いてほしいと思います。しかし、親なき後、わが子の人生に関して、福祉制度を知った上で、調整やつなぎ、様々な段取りを中心になって進めてくれる「コーディネーター役」となると、後を継いでくれる兄弟姉妹であっても、荷の重い役割ではないかと思います。

入所施設や通所施設以外にこれといったサービスのなかった時代は、親なき後はもっぱら施設に生活全般をお願いするしかなく、兄弟姉妹や親戚に親代わりとして施設の保護者会に加わってもらうなどして、わが子を託していったこともありました。しかし、**グループホーム**などの暮らしの場や**生活介護**や**就労継続支援B型**などの日中活動の場が年々整備

場。入浴や食事、トイレなど難しいところは支援を受けながら、日中を過ごすサービスです。生活する力を高めるための活動や軽い作業、レクリエーションなどを行います。

就労継続支援B型
支援を受けながらさまざまな活動をしたり、働くための準備をしたりする通所型のサービス。B型のほかA型があり、A型のほうは事業所と利用者が雇用契約を結び、最低賃金も保障されます。B型は雇用契約を結ばず、作業内容や売り上げに応じた工賃をもらいます。

されてきているのは確かですし、**ホームヘルプサービス**などを利用して在宅で暮らすなど生活を支える支援形態も様々に変わってきました。

仮に一人暮らしになっても、困ったときにかけつけてくれる**地域定着支援**（地域相談支援の事業所の担当者が出向いてくれる）や**地域生活支援拠点**（夜間などにショートステイなどが必要なとき緊急でも受け止めてくれる）、日頃の様々な困りごと（電気料金の支払いや、どう書いたらいいかわからない申請文書など）に寄り添ってくれる**自立生活援助**など、様々なサービスが誕生してきています。とりわけ65歳になると、**介護保険のサービス**（デイサービスや訪問介護等）なども検討しながら暮らしを支えていくことになります。

そのために、様々な福祉の制度、それも障害福祉に限らず介護保険や生活困窮者を支える制度、さらには医療的ケアなども含めた医療制度等、わが子の暮らし全般をコーディネートしてくれる「親代わり」が必要になるのです。

用語説明

ホームヘルプサービス
ホームヘルパーが自宅などに来て、入浴や食事の手伝い、掃除や買い物などをしてくれるサービス。「居宅介護」ともいいます。

地域定着支援
施設等を出て一人暮らしをはじめた障害のある人が、安定して生活できるようにするサービス。生活上の困り事や、病気・ケガ、金銭トラブルといった緊急時の対応など、助けが必要なときに相談に乗ってくれます。

地域生活支援拠点
地域で暮らす障害のある人、特に高齢になって家族が亡くなったり、生活上の困り事が増えたりした人が住み慣れた地域で暮らせるように、緊急時を含めた支援を行うための拠点。グループホームなどの事業所に併設される場合と、特定の拠点を設けずに複数の事業所が連携して機能を果たす「面的整備」と呼ばれる場合があります。

それも、親なき後というよりは親が健在なうちから親なき後を見据えて、わが子の「親代わり」、つまりコーディネーター役を探し、うまく引き継いでいく必要があります。

施設のみに安心を求めるのではなく

施設を利用している方にとって、特に入所施設は一番の頼りでしょう。暮らしのすべてを支えてもらっていることを思えば、他のどの関係機関よりも深く、利用している施設と信頼関係でつながっていたいと考えるのも当然かと思います。

一方で、施設のみに安心を求め、「これで親なき後も大丈夫」とコーディネーター役を探すことをやめてしまう、必要とすら思わなくなってしまうのは大変心配です。確かな信頼関係でつながっているときはいいのですが、対応が気がかりな場面を見聞きしたり、帰省した子どもが施設に戻ることをためらうような様子をみせたり、あるいは何かのトラブルでお互いに疑心暗鬼になったりしたときには、どうしたものかと悩みが生まれてきます。

また、関係が近すぎるがゆえに施設に対して思っていることが言えなかったり、踏み込んだ希望を伝えることをつい遠慮してしまったり、関係が気まずくならないよう必要以上に気兼ねしたりといった関係になってしまうこともあります。

日中活動の事業所で利用者がケガをしてしまった時に、コーディネーター役になっていた相談支援事業所の相談支援専門員が仲立ちして調整してくれたことがありました。コー

自立生活援助

施設等を出て一人暮らしを始めた障害のある人が安定して生活できるように、定期的に訪問して暮らしぶりを確認し、困り事などの相談に乗るサービス。直接支援するのではなく、利用者自らが解決できるようにアドバイスしたり、一緒に取り組んだりするのが特徴です。

介護保険のサービス

障害のある人も、65歳になると介護保険のサービスを受けられます。特に、居宅介護（ホームヘルプ）、短期入所（ショートステイ）、生活介護は介護保険と障害福祉サービスが重なるため、介護保険のサービスを優先して利用することになっています。ただし、障害のある人が65歳になったとたん、それまで利用していた事業所を利用できなくなることを避けるため、現在は「共生型」という仕組みが用意されています（詳細は105ページ）。

ディネーター役のこの相談支援専門員は、事業所が日頃から思わぬケガやトラブルを防止するための「ヒヤリハット集」などを作成し、常に利用者の状態に配慮しつつ支援しつづけてきた事情を保護者に伝えました。さらに、事業所には保護者としての素直な不安を伝え、いたずらに相互が原因追及のみに終始するのではなく、当の本人が困らないように明日からどう対処していくかの会議を提案するというような仲立ちをしてくれました。

ある程度方向が見えたときに、事業所と保護者双方から、「相互不信で後々わだかまりを残すようなことを避けられ、助かりました」という感想をいただいたことがあります。

今後を見据えて目を配ってくれる人

入所施設は確かに生活全般を支えてくれます。しかし、それと同じか、それ以上に大切なのは、利用者さんの状況をいつも見守りつづけながら、「暮らしの場と日中活動の場は今のままでいいのか?」「健康面で今後気をつけるべきことは何か?」「周りの気づかないところで無意識にでも人権侵害的なことが本人に起きていないか?」「今後に向けて成年後見などを検討していく時期に来ているだろうか……」と、現在の生活に留まらずに、本人の今とこれからの人生全般に関わる視点（生活を支える3領域・3要素＝27ページ**図**）でいつも本人さんに関わりつづけてくれる人がいることです。

とりわけ、関わりつづける支援者の少ない場合は心配です。例えば家庭で障害福祉サー

用語説明

ビスを利用せずに家族と同居している方には、**サービス等利用計画**を作成する相談支援専門員は配置されません。しかし、このような支援機関につながっていない方にこそ、むしろ予防的に相談支援専門員が関わることが重要なのです。

そのためには、まず地域の**委託相談支援事業所**の相談支援専門員とつながっておくことが大切です。委託相談支援事業所はサービス等利用計画はつくりませんが、サービスを利用していなくても相談に乗ってくれます。そして、本人にかかわる支援機関や今後必要と思われる立場の方たちなどに相談を持ち掛けながら、本人を支える関係機関や支援者のチームをつくってくれます。

このように、本人の支援チームをつくってくれるコーディネーター役を見つけていくこともとても大切であると認識してほしいと思います。

生活を支える3領域・3要素

3領域	3要素		
暮らし	生活の場	日中活動の場	余暇 コミュニケーションを含む
生活	医療	介護・介助	移動外出
後ろ盾	所得保障	相談支援	権利擁護

サービス等利用計画
障害のある人の希望や生活上の課題などを踏まえ、それに基づいて必要な支援やサービスを組み合わせる総合的な支援計画。指定相談支援事業者が作成し（計画相談）、それに沿ってサービスの支給決定が行われます（詳細は30ページ）。また、事業所もサービス等利用計画を土台に個別支援計画を作成し、サービスの提供を行います。

委託相談支援事業所
福祉サービスの利用や生活上の困り事に関する相談対応は、本来は市町村の責任ですが、多くの場合この相談業務は相談支援事業者に委託されています。このため、障害のある人や家族は、福祉サービスを使っているかどうかにかかわらず相談することができます。

何かあったときに相談できる人は誰？

ケアマネジャーのような存在に

介護保険の**ケアマネジャー**と同じような立場の相談支援専門員が、当たり前についてくれる時代になってきました。制度開始から20年を迎えようとする介護保険では、ケアマネジャーの存在もしっかりと知られるようになりました。高齢になって介護サービスが必要になったとき、何はともあれ世話役としてついてくれるケアマネジャーという存在は何よりの安心です。

障害者の分野でも、障害福祉サービスを利用する方には相談支援専門員がついて、介護保険のケアプランと同じようなサービス等利用計画を作成するようになりました。平成24年度から導入された仕組みですが、全国すべての地域で「しっかり計画が作られ、支援者を集めて定期的に会議をしてくれるから安心」「困ったら相談でき、支援会議で検討してもらえる」というように受け止められているとは言えません。

本人の高齢化や親なき後の今後を見据えたときに気軽に相談でき、必要であればいつで

用語説明

ケアマネジャー
介護保険制度上の資格で、介護保険サービスの利用計画であるケアプランを作成することがおもな役割。障害のある人も介護保険サービスを利用する場合は、ケアマネジャーによってケアプランを作成する必要があります。

個別支援計画
福祉サービスを提供する事業所が、利用者本人や家族の希望を聞いて、その人の障害の特徴も考えながら、生活をよりよくするために作成する支援計画。一人ひとりの話を聞いて、その人に合った計画を立てます。

サービス管理責任者
利用者へのサービスがよりよいものになるように、そ

も本人に関わる関係機関（支援チーム）を集めて今後のことを話し合い、考えてくれる相談支援事業所、そして、その事業所で本人に合った相談支援専門員を見つけていってほしいと思います。

サービス等利用計画を作成し定期的に会議を持ってくれることの大切さ

もちろん、何かあった時に相談できる人は身近にたくさんいてほしいと思います。

市町村の担当者、利用しているサービス事業所の担当者（本人の**個別支援計画**を作成する**サービス管理責任者**等）、育成会で相談をうけてくれる**相談員**、近所の民生委員……。こうしたつながりの中でも軸になるのは、やはり相談支援専門員です。

相談支援専門員は、サービスを利用する際、聞きっぱなしにせずに必ずサービス等利用計画という紙（書式）にしてくれます。サー

れぞれの事業所で責任をもって考える人。一般的に、利用者の支援ニーズを汲み取り、それに対して事業所として適切なサービスができているか確認し、調整や改善を図っていくための中心的な役割を担います。すべての事業所に置かれることになっています。

育成会の相談員
各地の育成会や親の会では、市町村から委託されて知的障害者相談員という相談員を置いているところも多くあります。療育や生活、福祉サービスや権利擁護など、知的障害のある人や家族などから寄せられるさまざまな相談に、ピアサポートに近い立場から応えることが期待されています。

指定特定相談支援事業者（計画作成担当）と障害福祉サービス事業者の関係

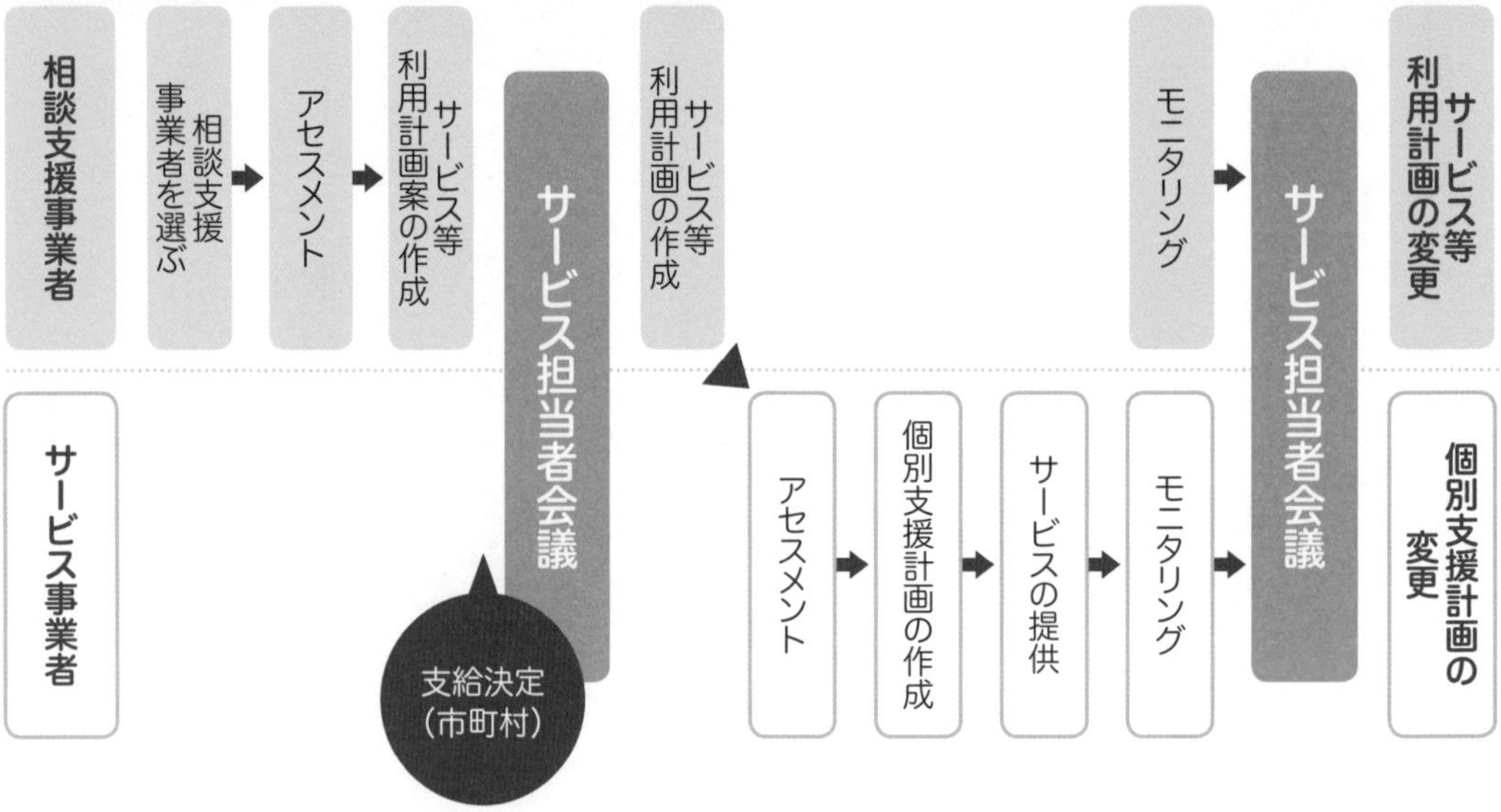

相談支援事業者
相談支援事業者を選ぶ → アセスメント → サービス等利用計画案の作成 → サービス担当者会議 → サービス等利用計画の作成 … モニタリング → サービス担当者会議 → **サービス等利用計画の変更**

支給決定（市町村）

サービス事業者
アセスメント → 個別支援計画の作成 → サービスの提供 → モニタリング → サービス担当者会議 → **個別支援計画の変更**

ビス利用をはじめたら縁が切れてしまうのではなく、利用開始後も定期的に事業所のサービス管理責任者などを集めて支援会議を開き、振り返りをしてもらえます。これを**モニタリング**といいます。一回の相談でそれっきりというその場限りのつながりではなく、定期的に振り返ってもらえること。つまり、決して忘れられることがありません。これが大切です。

本来は、国の障害福祉サービスを利用していない人でも相談支援を利用することはできます。例えば、日中は働いていたり、通っている事業所が市町村の運営する**地域活動支援センター**だったり、市町村事業である**移動支援事業**などしか使っていない方であっても、お世話役としてついてくれる相談支援事業所（委託相談支援事業所）や障害が重かったり支

用語説明

モニタリング
提供されている福祉サービスがサービス等利用計画に沿っているか、利用者の希望や生活実態とサービス等利用計画がずれていないか、相談支援事業者が定期的に利用者を訪問し、確認すること。

地域活動支援センター
障害のある人が通う場で、軽い作業やレクリエーションなどを行います。市町村が自らの裁量で行う地域生活支援事業のため、国が責任を持つ個別給付のサービスに比べて財源が不安定な場合が多くあります。地域活動支援センターなど地域生活支援事業のみを利用するのであれば、サービス等利用計画は不要です。

移動支援事業
障害のある個人またはグループでの外出に付き添って移動の支援を行うサービス。一緒に電車やバスなどに乗ったり、自動車等で送迎したりします。地域生活支援事業です。

援が大変だったりするときに専門的に応援してくれる相談支援事業所（**基幹相談支援センター**）に相談することはできるのです。しかし、残念ながら全国すべての地域にこうした相談支援が配置されているとは言えない状況です。

だからこそ、ぜひサービス等利用計画を作成し、その後も定期的に振り返りの会議（モニタリング）を開いて、計画をつくりなおしていってくれる相談支援事業所（指定特定相談支援事業所）とつながってほしいと思います。

仮に今すぐに国の障害福祉サービスを利用する必要がなくとも、例えば、家族の事情や何らかの事情で緊急に**ショートステイ（短期入所）**が必要になるかもしれません。その際、ショートステイを万が一のために申請するだけでも、サービス等利用計画を作成する相談支援専門員がついてくれます。相談支援専門員がついてくれたら、今後に向けての考えを伝えます。そうすれば、支援会議にサービス事業所だけでなく、通っている地域活動支援センターの担当者や移動支援事業所の担当者、市町村の担当者や成年後見制度にかかわる**権利擁護センター**などの担当者、就労先の担当者や就労支援の方も集まってくれます。つまり、本人を支えていく支援チームが集まってくれるのです。

サービス等利用計画をつくることによって、その振り返り（モニタリング）の際に、たとえ半年に1回であっても支援チームが集まる機会がつくれることが重要なのです。

基幹相談支援センター
障害のある人や家族からの相談に総合的に対応する、地域の中心となる相談支援事業所。地域内の他の相談支援事業者への指導・助言・連絡調整や、関係機関の連携をサポートする役割も行います。また、自立支援協議会（協議会、詳細は34ページ）の運営も行います。設置は市町村の任意で、設置されていない地域もあります。

ショートステイ（短期入所）
障害のある人が1日〜数日、泊まって生活する施設。家族の急病といった緊急時だけでなく、冠婚葬祭や介護する家族の休養といった理由でも利用できます。

権利擁護センター
成年後見制度の利用に関してアドバイスを受けたり、申立て（成年後見制度の申請手続き）の支援を行ったりする機関。市町村に設置され、多くの場合、各地の社会福祉協議会に置かれています。

支援チームが集まり地域の協力体制をつくる

まずは支援会議を開いてもらおう

特に必要としていなくとも、例えばショートステイのような障害福祉サービスを申請して、相談支援専門員にサービス等利用計画を作成してもらい、支援会議を開いてもらうことが大切と書きました。しかし、実は「困った状態になってから障害福祉サービスを申請する」のではむしろ時すでに遅しで、その後の支援がすべて後手に回るおそれがあります。むしろ、予防的に支援を利用することを考えていってほしいと思います。例えばショートステイなら、今後何かあったときに不安なく利用できるようにするため、あるいは家族と離れて過ごすことに自信をつけてもらうため、家族といっしょに自宅で過ごせている今だからこそ体験的に利用していくことが大切です。今後の高齢化や親なき後を考えたとき、前倒し、前倒しで様々なサービスを知り、様々な暮らしの場や日中活動の場などを見学や実習などで体験していくことが重要です。

そこで、サービス等利用計画の作成にかかわる支援会議の場などで、相談支援専門員

用語説明

に「この地域のショートステイを体験してみたい」「介護保険のデイサービスも見学してみたい」といった希望を出してほしいと思います。ショートステイ一つとっても、入所施設の一室でのショートステイもあれば、マンションタイプのグループホームの一部屋がショートステイ用として体験できるようになっているものや、一軒家でショートステイだけを実施しているものもあります。介護保険のデイサービスでも、趣味・余暇支援的なところもあれば、リハビリなど身体機能の低下を防止することを重視している事業所もあります。

なにより今から積み上げていってほしいことは、「見学に行ってみる。気に入ったら体験してみる」という経験です。様々な事業所や関係機関が相談支援専門員の声かけで集まって支援会議が開催されている地域では、事業所間の情報交換も活発になります。各事業所がそれぞれの利用者のことしか把握しようとせずに横のつながりもなく、他の事業所のことなど知らないという地域にはない強みが出てくるのです。

ある地域では、こうした取り組みを意識的に進めていくために**自立支援協議会**（基幹相談支援センターなどが事務局になって活発な取り組みを考えていく）で「本人中心部会」という部会をつくり、定期的に地域の様々なサービス提供事業所を本人たちが見て歩き、体験してみる取り組み（その名も「行ってみてやって委員会」）を進めています。

高齢化に向けて、介護保険の事業所を見学することもあるでしょう。その過程で介護保険のケアマネジャーともつながっていくことになります。介護保険のサービスと障害福祉のサービスを並行して利用していくときには、ケアマネジャーと相談支援専門員がそれぞれにケアプランやサービス等利用計画を作成するか、一人二役で両方の計画を合わせたプランを作成していきます。親なき後のコーディネーター役は、高齢化を見据えれば、ケアマネジャーにも担ってもらうことになるのです。

施設を退所しグループホームで暮らすAさん

最後に、ある方の事例を紹介します。

入所施設で10年過ごしたAさんは、「行ってみてやって委員会」のグループホーム見学に参加しました。そこには、入所施設のサービス管理責任者も同行してくれました。この見学を通じ、「こうした暮らしもあるんだ」と感じたAさんは、グループホームのようなところで暮らしてみたいと希望しました。同行したサービス管理責任者は、さっそくAさ

用語説明

自立支援協議会（協議会）
障害のある人やその家族が安心して暮らせる地域環境、支援体制をつくるために、その地域の住民や各分野の関係者、関係団体などが集まり、さまざまな課題の解決について検討する場。障害者総合支援法上は「協議会」といいます。

んのサービス等利用計画の作成を担当している相談支援専門員にその旨を伝えました。
支援会議の場で、もう少し時間をかけていくつかのグループホームを見て回ったり、体

験させてもらったりして慣れていこうということになり、だいたい半年後にグループホームで暮らしはじめることを目安に取り組んでいくことになりました。

支援会議を通じて新しくつくりなおされたサービス等利用計画には、半年をめどにグループホームで暮らしていくための準備として**地域移行支援**のサービスが加わりました。

半年後、グループホームで暮らしはじめたAさんは、日中は以前の入所施設での昼間の活動（生活介護）に通っていましたが、しばらくして軽い脳こうそくを患い、身体の機能が少し落ちてしまいました。そこで、新たに介護保険のケアマネジャーも加わって検討し、介護保険のデイサービスをいくつか見学することになりました。Aさんは現在、グループホームで生活しながら、日中は以前の生活介護と新しく利用しはじめた介護保険のデイサービスに曜日を分けて通っています。

このように、高齢期を迎えるとそれまでの障害福祉サービスだけでなく、介護保険や医療も含めた様々な支援が必要になります。そのときに後手後手にならないよう、今後必要とされるサービス（介護保険や医療支援、成年後見等）や、それに伴う関係機関、支援者などと、前倒しで関係を構築していくことが親なき後に向けた備えの第一歩です。相談支援専門員などのコーディネーター役を見つけ、その人たちを軸に本人を支えるチームをぜひつくっていってほしいと思います。

用語説明

地域移行支援
入所施設や病院で長年暮らしてきた障害のある人が地域での暮らしに移る際、安定して暮らせるように支援するためのサービス。生活の仕方についてアドバイスしたり、必要に応じて外出に付き添ったり、住宅探しや手続きの支援を行ったりします。

第3章

医療について

障害特性や高齢による健康リスクとは

高齢期を迎えるうえで、医療との関係は切り離せません。特に知的障害のある人の場合、その障害特性から病気・不調の発見や医療機関への受診が遅れるなど、大きな課題もあります。高齢期を迎えた知的障害のある人の健康リスクと医療の関係について解説します。

文／村岡美幸

むらおか・みゆき●独立行政法人国立重度知的障害者総合施設のぞみの園（群馬県）で、おもに介護を要する高齢知的障害者が生活する寮の生活支援員を経て、研究部に配属。現在は、認知症を発症した知的障害者や高齢期を迎えた知的障害者への支援、強度行動障害支援者養成研修に関わる調査研究に携わる。

高齢化と健康

高齢化による健康のリスク

40歳を過ぎた頃からでしょうか。多くの人が、老眼になったり、耳が遠くなったり、ちょっとした段差につまずきやすくなったり、人の名前が覚えられなくなったり、白髪が気になるようになったり……。いわゆる身体機能や認知機能の低下を自ら感じるようになります。また、風邪をひきやすくなったり、治る前に違う病気にかかってしまったりといったように、免疫機能の低下を感じることもあるでしょう。さらには、糖尿病、高血圧、がん、脳卒中、心臓病などの生活習慣病も気になりはじめる頃です。

日本では2013（平成25）年1年間で126万8432人が死亡しています。そして死因の上位には、がん、心疾患（高血圧性を除く）など複数の生活習慣病がランクインし、これらによる死者はそれぞれ10万人を超えています（平成26年版「厚生労働白書」）。国をあげて生活習慣病の予防に取り組んでいる背景にはこうした状況があり、裏返せば生活習慣病の罹患はそれくらい珍しいことではないといえます。

用語説明

そして、こうした身体・認知・免疫機能の低下は、社会参加への意欲を低下させてしまうおそれをもっています。「無理すると風邪をひくから」「ちょっと足腰が痛いし」「転んで骨折したら大変だ」という思いが徐々に社会参加の機会を減らし、ときにはうつ病などの精神疾患の発症や孤独死を招くこともあるのです。

では、知的に障害がある人の健康リスクはどうなのでしょうか。

知的に障害がある人特有のリスクとは

■病気にかかりやすい

知的に障害がある人特有のリスクの1点目に、「病気にかかりやすい」ということがあります。**図1**は、ある県にある入所施設で亡くなった利用者72人が罹患

図1　かかった病気の種類とその年代

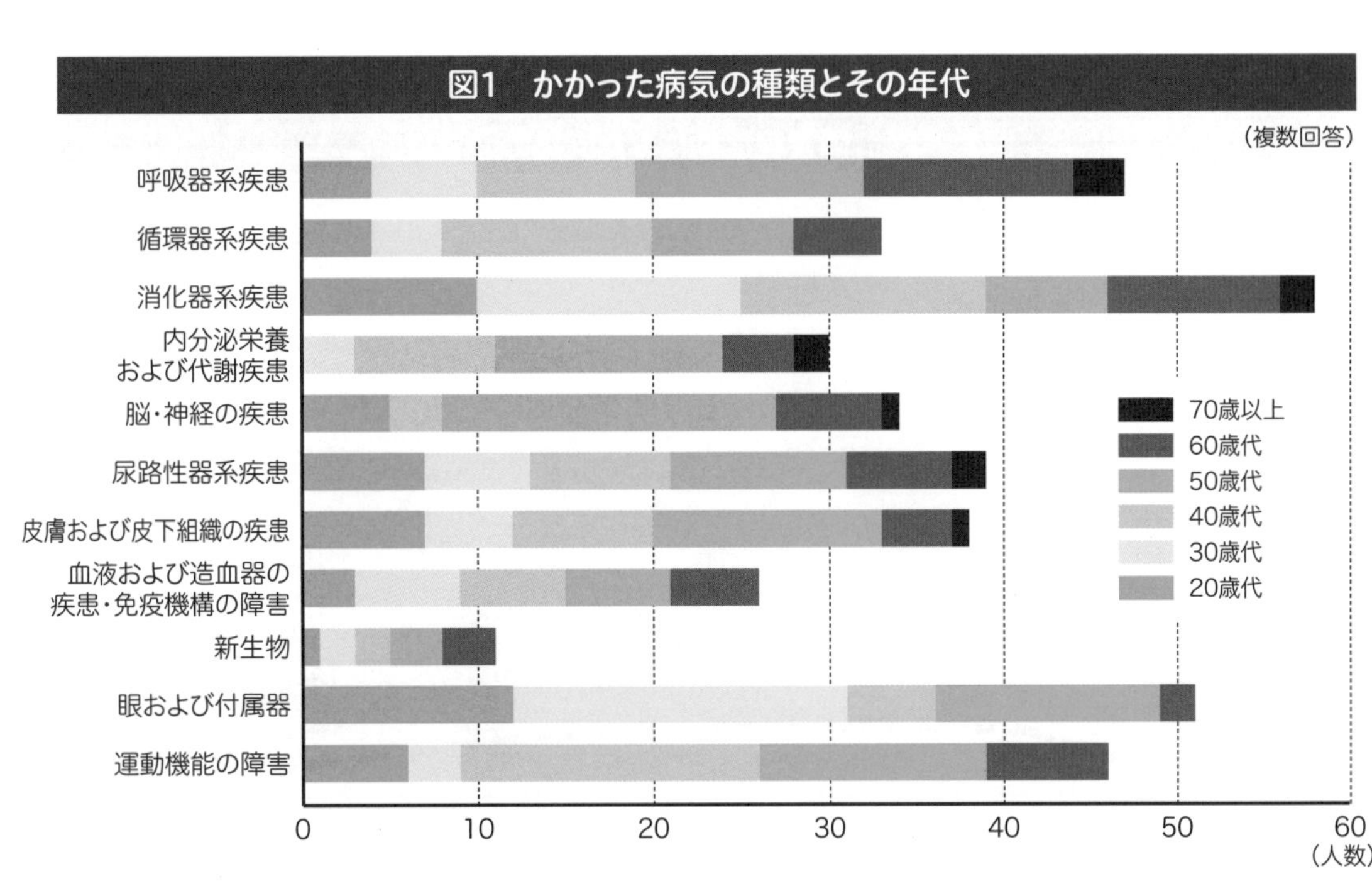

した病気と発症した年代をまとめたものです。消化器系疾患にかかった人が最も多く、次いで眼および付属器、呼吸器系疾患、運動機能の障害となっています。一人あたりの平均疾患数は約8種類でした。こうした病気になる傾向が障害のない人と比べてどうなのかは一概には言えませんが、比較的若いころから複数の病気になり、複数の薬を長期にわたり服用していることに特徴があります。また、老化の兆候が知的に障害がない人と比べて10歳から20歳は早く見られるともいわれています（**図2**）。

■本人が高齢になるということを理解する、自覚を持つことが難しい

リスクの2点目として、「高齢になるということを理解する、自覚を持つこと

図2　年齢、障害程度別にみた支援の必要度

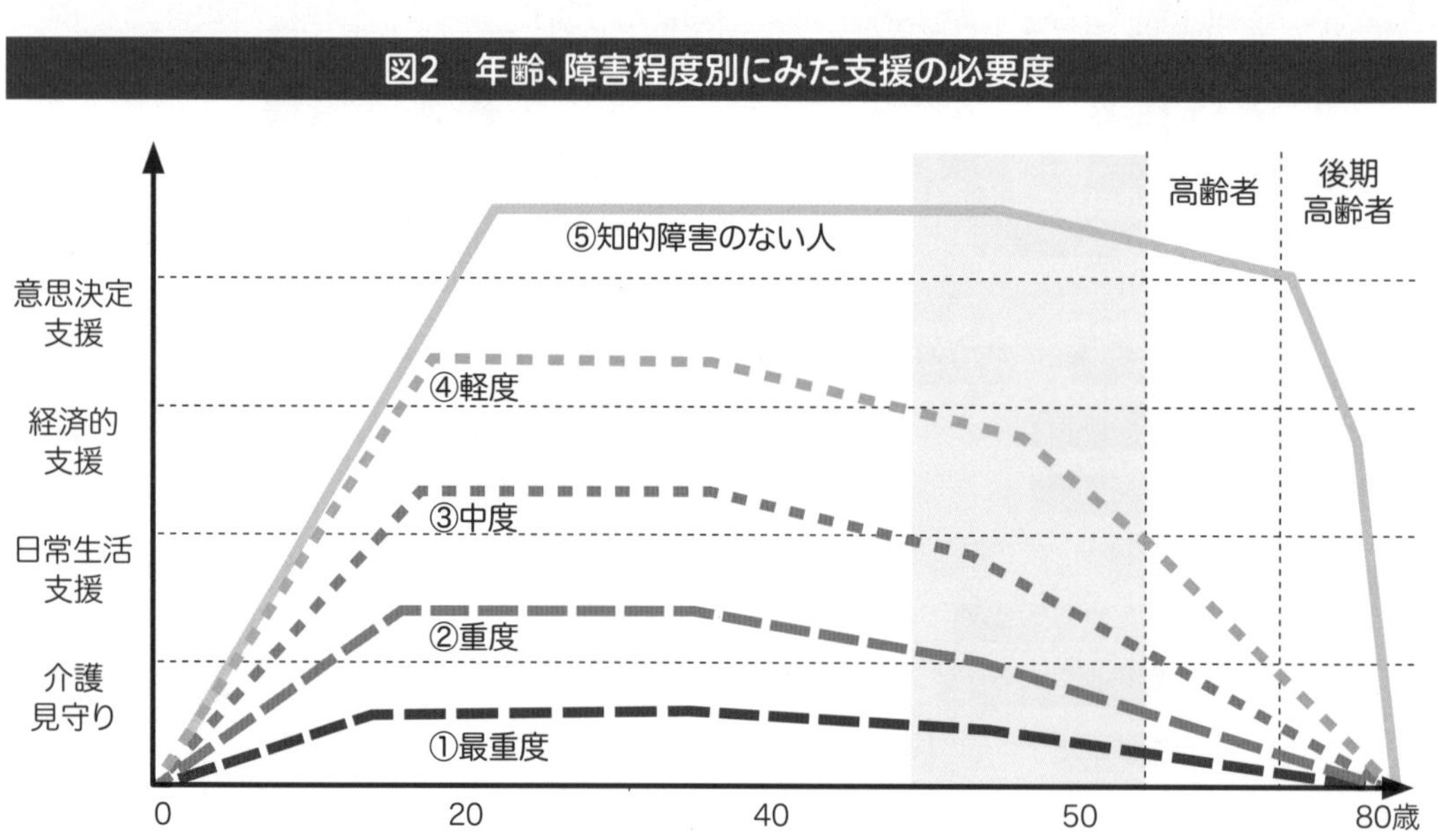

用語説明

が難しい」ということがあります。例えば、病院の待合室で隣に座っている高齢者をみて、「自分と同じ世代の人だ」と理解するのが難しい人もいます。さらに、**障害福祉サービスや介護保険**といった制度があり、自分が利用できること、または、現在利用しているということが理解できる人は少ないかもしれません。

■自身でリスクを回避することが難しい

リスクの3点目として、「自身でリスクを回避することが難しい」ということがあります。以前、平均年齢60歳を超える知的障害者入所施設の骨折状況についてまとめていた際に、驚いた実態があります。それは、比較的高齢な知的障害者の骨折部位は、高齢者に多い大腿部（ふともも）の骨折が多くなってはいたものの、手指足指などの小さな骨の骨折も大腿部の次に多く、また、骨折した際の状況が分からないといったケースも多く確認されたということです（42ページ **図3**）。

こうした手指足指などの細部の骨折の原因は、自身でリスクを回避することの困難さから生じていることがうかがえました。知的に障害がある人が高齢になると、「当たると痛いから避ける」「骨折してしまうかもしれないからぶつけないように注意する」といったリスクの回避を自身で行うことが、これまで以上に難しくなるのかもしれません。また、痛みを感じにくくなっていたり、痛みを感じてもうまく他者に伝えられなかったりするため、着替えや食事の際に介助者等が腫れを見つけたり、何かいつもと動きが違うことに気

障害福祉サービスと介護保険
障害のある人も、65歳以上になると短期入所（ショートステイ）・生活介護・居宅介護（ホームヘルプ）は介護保険のサービスを利用することが原則になりますが、それまでの事業所を継続的に利用できるような対応もなされています（詳細は102ページ）。

づき発見に至っていることもありました。それゆえ、いつ、どこで、どのような場面で骨折したのかが分からないという事態が起こっていたのです。

これは骨折に限ったことではありません。がんや腸閉塞、認知症等、さまざまな病気においても同様で、本人も周囲も気づかないうちに病気になり、症状が進行した状態で発見されるケースや、症状をもたらしている病気が特定できないケースもあります。認知症を例に、もう少し具体的に見ていきたいと思います。

図3　骨折部位の内訳

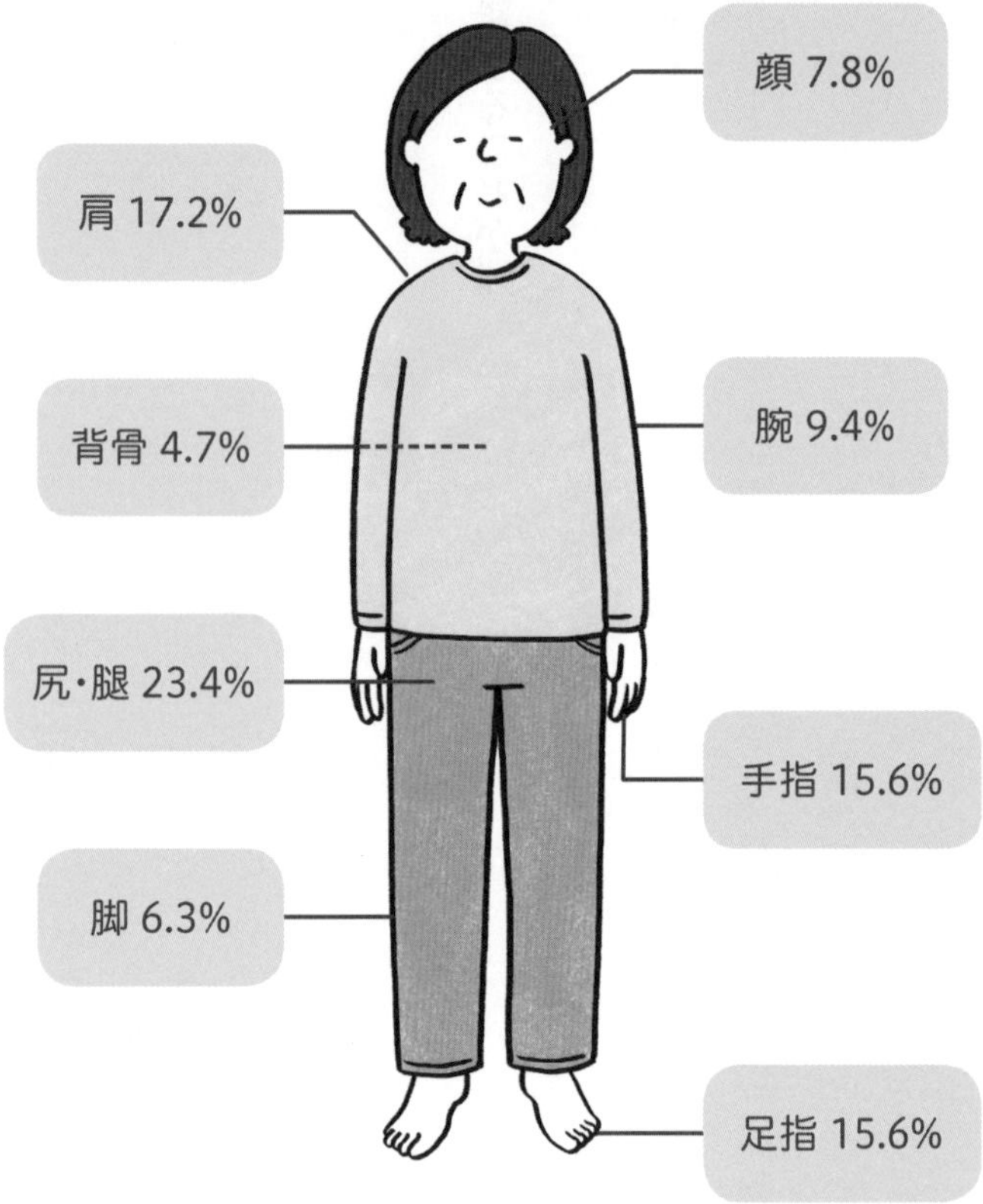

顔 7.8%
肩 17.2%
背骨 4.7%
腕 9.4%
尻・腿 23.4%
手指 15.6%
脚 6.3%
足指 15.6%

用語説明

老化？　それとも認知症？

■知的に障害があるがゆえに認知症になったことに気づきにくい

知的に障害がある人も認知症になります。ただ、その発見は知的に障害がない人よりも難しいのが実際です。なぜなら、知的に障害がある人の場合、これまでの人生経験の中で獲得してきた社会スキルが障害のない人に比べ少なく、周囲が〝認知症かな？〟と疑いを持つ行動が非常に限られているからです。

■知的に障害がある人の認知症診断の難しさ

また診断も、一般的に使用されている「改訂 長谷川式簡易知能評価スケール」のような尺度は、知的に障害がある人の場合、もともと引き算や短期記憶、今日の年月日を言うことなどが難しく、多くの人は使用できる状況にありません。ただ、知的に障害があるから認知症の診断がされないわけではありません。CTやMRIの画像検査と共に、日常生活の変化や身体症状等を複合的に、中長期的に観察し、診断する医師もいます。

改訂長谷川式簡易知能評価スケール
認知症かどうかを診断するために広く利用されている評価基準。

福祉と医療の積極的な活用

障害福祉と介護保険のサービスを使う

■移動系・訪問系のサービスで通院・診療の支援を行う

これまで見てきたように、高齢になると生活習慣病や身体機能の低下などによって受診回数や薬の種類・量も増え、そのことがじわじわと生活に影響を与えるようになります。受診回数の増加は、本人への負担もさることながら家族等にも多くの負担がかかります。だからこそ、積極的に公的なサービスを利用する必要があります。

例えば、ホームヘルパーが自宅を訪問して入浴、排せつ、食事等の介護、調理、洗濯、掃除等の家事、生活等に関する相談や助言など生活全般にわたる援助を行う居宅介護には、**通院等介助**などのサービスもあり、病院への送迎、移動の介助、医療機関への手続き等をサポートしてくれます。また、自治体によっては**移動支援**で通院の支援を行っているところもあります。

さらに、機能低下等が進み、車いすが手放せない生活となった場合には、**重度訪問介護**

用語説明

通院等介助
病院等に通院する際に支援者が付き添うサービス。通院等の準備、公共交通機関等での移動、受診等の手続きなどを支援します。また、必要に応じて病院内（診察室内を除く）の移動介助なども行えます。通院のほか、役所等で公的な手続きを行う場合なども利用できます。

移動支援
外出などにガイドヘルパーが付き添うサービス。市町村が地域の実情に合わせて実施する地域生活支援事業のため、利用可能な時間数などサービスのあり方は市町村ごとに異なります。利用者個人への付き添いのほか、グループでの移動も支援の対象になります。

の利用を検討するのもよいでしょう。重度訪問介護は、ホームヘルパーが家庭を訪問して見守り、食事や排せつ等の身体介護、調理や洗濯等の家事援助、コミュニケーション支援や家電製品の操作等の援助、外出時における移動中の介護を行ってくれるサービスで、比較的長い時間にわたってサービスを受けることができます。

このほか、介護保険サービスでは、訪問入浴・訪問リハビリ・訪問歯科・訪問看護といった医療面でのサービスに加え、ベッドや居宅等に置けるポータブルトイレ、車いす、玄関等の段差を解消するためのスロープ等の**福祉機器を借りる**ことができます。これらは障害福祉のサービスと組み合わせて使うこともできます（場合によっては個別契約となる場合もあります）。

障害福祉と介護保険のサービスをニーズに合わせて組み合わせて使うことで、機能低下が進んでも「希望する暮らし」を続けることができます。しかし、多くの自治体や相談支援事業所では、障害福祉のサービスと介護保険のサービスの両方の手続きを一度には担ってくれません。介護保険サービスの利用にあたっては、自治体の介護保険課や**地域包括支援センター**にいるケアマネジャーに相談することが必要となります。

■訪問診療等も活用する

訪問診療等も積極的に行われるようになってきています。看護師のみならず医師も家庭やグループホーム等に出向くので、医師自身の目でより正確に生活の状況や治療への取り

重度訪問介護
重度の障害がある場合に使えるサービス。ヘルパーが自宅等を訪問し、身体介護や家事援助、通院等介助、見守りなど総合的な支援を行います。居宅介護と違い、長時間利用できることが特徴です。

福祉機器を借りる
介護保険サービスの一つとして、福祉機器・用具をレンタルできます。機器・用具によって、対象となる要介護度が異なります（車いすは要介護度2以上など）。

地域包括支援センター
高齢者やその家族などの相談を受けつける機関。利用できるサービス、虐待や消費者被害への対応、介護予防、ケアプランの作成など、総合的に相談を受け、必要なサービスや仕組みにつなぐ機能を果たします。

組み姿勢を把握することができます。

障害福祉サービスのグループホームで暮らすAさんのケースを紹介します。身体機能の低下により車いすを使うようになったAさんは、同時期に頻繁な誤嚥や食欲不振もみられるようになりました。グループホームでの生活を続けたいというAさんの意向に沿って必要な支援を考えた結果、医療面では訪問医療を月2回、訪問看護を週2回、訪問歯科を月1回利用することになりました。その後のAさんの生活は大きく変わり、通院がなくなっただけでなく、かかわる医療機関が1カ所になったことで、多剤投薬の調整もすることができました。また、食欲不振の際には、グループホームで訪問看護による点滴が受けられるようになりました。訪問歯科では嚥下訓練とブラッシングを受け、口臭が改善されるまでになりました。

医師は、地域内のクリニックからグループホームに来てくれます。はじめにAさんは支援者と一緒にそのクリニックを訪ねて状況の説明を行い、訪問診療を利用することでAさん自身の負担を軽くし、体力維持に努めて在宅生活の継続をしたいという意思を伝えています。こうすることで円滑に訪問診療を受けることにつながりました。

■通所事業所等における看護師の役割

通所事業所等には看護師も配置されています（医療機関や訪問看護ステーション等と連携している場合もあります）。けがや体調不良時の処置のみならず、家庭での生活状況を

用語説明

把握しながら、治療や病状の回復がよりスムーズに進むよう医師と支援者の仲介役、すなわち情報伝達をする役割があります。健康に不安があったり、相談したいことがある場合は、利用する事業所に配置された看護師を積極的に活用するのも一つの手段です。

医療機関と連携する上で家族や支援者ができること

■写真や図表、手書き等の記録を継続的に作成し、活用する

病気になると生活面にさまざまな変化が生じます。例えば食事ひとつとっても、腎臓疾患や肥満症、糖尿病等であれば、減塩や低糖、低脂質、低カロリーなものへと切り替えなければなりませんし、消化器系疾患や摂食嚥下機能系であれば食形態を変え

なければなりません。ただ、低栄養状態になってしまっては元も子もないので、医師や管理栄養士等の助言を受けながら、適切な食事の管理に努める必要があります。

ここで大切なのが記録による報告です。食事の内容や摂取量、排せつ状況等が分かるような記録を用意して受診することで、医師は家庭や施設等での生活場面をイメージしながら助言することができます。こうした記録は、写真や図表、必要に応じて動画を活用するなどしながら継続的に取り組むことが大切です。

■受診サポート手帳などで基礎的な情報を記録する

既往歴、現在の状況、配慮事項等の書かれた**受診をサポートするための記録**の作成に取り組む地域もあります（詳細は54ページ）。こうした基礎的な情報は、病気の早期発見・早期治療に大いに役立ちます。ぜひ、お住まいの地域の親の会や役所に聞いてみてください。

継続的な医療ケアが必要となった場合暮らしはどう変わるの？

■変えなくてもよいこと

それは「住まいの場」です。継続的な医療ケアが必要となるケースとして、例えば**胃ろう**や透析、認知症があります。栄養剤を注入する胃ろうは**家族や看護師、介護福祉士等が**

用語説明

受診をサポートするための記録
群馬県「受診サポートメモリー」、千葉県「受診サポート手帳」、尾張中部福祉圏域「受診サポートブック」、そのほかカンファレンス資料等といったものがあります。

胃ろう
食べることの難しい人や、むせるなどして肺炎などを起こしやすい人に、直接胃に栄養を入れる方法。内視鏡を使って腹部に栄養を採るための口を造る手術をします。その口に栄養剤を入れ、食べられなくても栄養が体にはいるようにしています。

家族や看護師、介護福祉士等が行う必要
胃ろう等の経管栄養は、家族や看護師のほか、一定の研修等を受けた介護福祉士や介護職員も行うことが可能です。介護職員等が経管栄養を行うには、介護施設や障害者福祉施設など事業所が一定の要件を満たして

行う必要がありますが、それ以外は個々の状態に応じた生活が可能で、入院生活を余儀なくされるものではありません。透析も同様に透析時以外は通常の生活が可能です。胃ろうへの栄養剤注入後や透析後は身体が疲れやすく一定の休息を要しますが、外出もできますし、自宅での生活も可能です。認知症も型によって進行がまちまちなので、急速に進行している様子がなければこれまでの生活を大きく変える必要はありません。

ただ、「住まいを変えない」ことがどんな場合でも最善の策というわけではありません。身体の状況によっては、バリアフリータイプのグループホームに移ったりすることで生活がより快適になる場合もあります。

登録事業者となっている必要があります。

■調整しなければならないこと

例えば、就労支援や生活介護等の通所事業所を利用している人であれば、通所の頻度・活動内容・移動手段・緊急時対応の段取りといった点になるかと思います。これらは治療の開始時だけではなく、定期的に事業所側と相談しながら調整していく必要があります。

本人の意思とは関係なしに急に生活環境が大きく変わることは、本人にとって計り知れない負担となります。長期的に医療が必要となったからといって急いで生活リズムや生活の場を切り替える選択をするのではなく、本人が安心できる環境で治療が受けられるよう調整することが望まれます。

用語説明

いまからできる健康リスクへの備え

家族以外に、本人の身体、生活習慣、好みを知っている人をつくる

医療技術等の進展によって、知的に障害がある人の寿命も伸びています。それゆえ親をはじめとする家族以外に、本人のことをよく知る存在、サポーターの存在が重要となります。

相談支援専門員やケアマネジャーをはじめとする福祉関係者によるチーム支援の大切さは、第2章にある通りです。医療面でいえば、定期健診や持病の経過観察をしてくれる「かかりつけ医」がキーマンになります。こうした「障害を含めて子どものことを把握している人」を増やすことに加え、合同カンファレンス等で情報を共有しておくのもよいかもしれません。

用語説明

定期的に健康診断を受診する

一部の地域を対象とした調査ではありますが、2016（平成28）年に知的に障害がある在宅生活者（単身者含む）およびグループホーム生活者を対象に定期健康診断の実施状況を調査したところ、7割から9割の人が定期健康診断を受診していることが分かりました。ただしこの調査の回収率は3割程度と低く、配布先も親の会の会員としたため、回答者の多くが子育てに比較的に熱心な親御さんであることがうかがえました。また、この調査ではわずかではありますが、未受診者も確認されています。未受診の理由は、「持病により定期的に検査を受けているため」「必要性を感じない」「病院に行くこと、病気を知ることが怖いから」「必要性を感じてはいるものの実施してくれる機関がない」といった点が挙げられました。

健康診断は身体のどこかに不調がないか見つけるための機会です。知的に障害がある人の場合、障害のない人と比べて不調を自覚することが難しく、また、不調を感じていたとしても他者に上手に伝えることが難しい人が多いのが実際です。それゆえ定期的な健康診断は、病気の早期発見、早期治療に非常に有用なものとなります。

また、健康診断は壮年期、中年期になってからではなく若いころから受けておくと、日常的に気を付けなければいけないことを知ることができます。例えば、「異常値ではない

用語説明

けどコレステロールが高めだから、少し体を動かす機会を増やしたほうがいいかな」とか、「甘いものが好きでたくさん食べているけど血糖値は平均的な数値だからそこまで制限しなくてもいいかな」といったことです。見た目や一般論では当てはまらない一人ひとりの体質に合わせた助言や支援、食事の提供をすることが、楽しく健康的に過ごすためには欠かせないように思います。

一方で、未受診者の理由のひとつにもあるように「受診機関がない」といった地域もあり、喫緊の課題となっています。各地の育成会・親の会などが中心になり、自立支援協議会等を通して、または地域の医師会などと連携しつつ、こうした課題を解決していく必要があると考えます。

全国各地で活用される「受診サポート手帳」

知的障害のある本人の診察のため病院を訪れるたび、障害の特性や配慮が必要なこと、既往症などを付き添う家族が説明しなければならず、負担を感じることはないでしょうか。とはいえ、適切な治療を受けるためにはこうした情報を共有することは欠かせません。こうした負担を解消し、かつ正確に基礎的な情報を確認するため、知的障害のある人の受診のための「受診サポート手帳」が全国各地でつくられています。

記載される情報は、本人の基礎情報（連絡先、障害種別・程度、かかりつけ医・薬局、服薬状況、アレルギー等）に加え、診察時に必要な配慮やコミュニケーション方法（伝わりやすい接し方、苦手なこと、避けるべきことなど）といったものです。例えば広島県地域保健対策協議会「医療サポート手帳」では、「コミュニケーションのとり方」として「実物を見るとわかる／痛いところを指させる／前もって手順が示されると理解しやすい」など、本人の理解しやすい方法を細かく選択できるようになっています。

このほか、痛みや症状、自分がしたいこと、これから行われる診察内容などを指さしで伝えられるように、意思表示のためのイラストを織り込んだものもあります（岩手県「みんなの受診サポート手帳」など）。

こうした受診サポート手帳は、「知的障害のある人が必要なときにきちんと医療機関を受診できるように」との声を受けてつくられています。お住まいの地域の受診サポート手帳については、市町村の障害福祉担当課や育成会・親の会などにお問い合わせください。

広島県「医療サポート手帳」

コミュニケーションのとり方

あてはまるものに○

・実物を見るとわかる
・絵を見るとわかる
・文字で書くとわかる
・簡単な言葉は理解する
・その他
・「はい」「いいえ」は表現できる
・痛いところを指させる
・前もって手順が示されると理解しやすい

苦手なこと

あてはまるものに○

（苦手なことをされると不安定になることがあります）

・待つこと
・じっとしていること
・初めてのこと
・診察や処置を説明なしでされること
・音、色、味、匂い（具体的に　　）
・触られること
・暗いところ
・狭いところ
・白衣
・その他

興味のあること、好きなこと

（好きなキャラクター、物、色などを用いて、不安を軽くしたり、ごほうびに使います）

お願いしたいこと・絶対してほしくないこと

岩手県「みんなの受診サポート手帳」

第4章

住まいについて

高齢期を迎えた人たちにとっての暮らしの場とは

住まいの場となる住居のあり方は、その人の生活やその支援と切り離せません。同時に、どこにどのように暮らすかは、知的障害のある人の主体性や意思とも大きく関わってきます。年を重ねてもその人らしく暮らすためには、住まいの場に何が必要なのでしょうか。

文／荒井隆一

あらい・りゅういち●身体障害者療護施設、重症心身障害児施設、レスパイト・居宅介護事業所、24時間365日相談対応を行う中核地域生活支援センターなどを経て、現在は千葉・旭市内に20カ所91人が暮らすグループホーム「ナザレの家あさひ」の所長。日本グループホーム学会副代表。

親の"安心"ではなく本人の希望に沿って

多い少ないに関わらず何らかの支援が必要な人にとって「暮らす場所」を選ぶ際には、「自分に必要な支援がそこで受けられるか?」ということも一緒に考える必要があります。

ほとんどの場合、成人を迎えるまでは家族と一緒に暮らす中で必要な支援を受けることになります。その後、タイミングは様々ですが、家族から離れて暮らす時期が来ます。そのようなときに家族はどのようなことを考えるのでしょうか?

「自分たちがいなくなったらどうしよう」「ケガや病気のときには対応してもらえるのか」「高齢になって自分で動けなくなっても面倒見てもらえるんだろうか」など、いろいろなことを考えると思います。

このとき、おそらくほとんどの方は「安心感」を求めるのだと思います。この「安心感」は何かといえば、一番は「どんなことがあってもずっと面倒を見てもらえる」というようなことではないでしょうか。一緒に暮らすのが難しいからこそ離れて暮らすわけですから、何かあったからといって再び一緒に暮らすのは難しいというのは当然ですし、そのためにもその人がずっとそこで暮らしていけることを第一に考えるのは自然なことかもしれません。

用語説明

一方で、今は社会の責任として障害のある人を支えていくことができるようにもなっています。仮に、何かがあって「家族と一緒に暮らせませんか？」と言われることがあっても、しっかりと「それは難しい」という意思表示をすれば、相談支援者や行政職員が別の手立てを考えてくれるはずです。家族が障害のある子どもの人生を支える責任を負うのではなく、家族としての愛情はそのままに、障害のある人の生活は社会で支えていくという時代が（完全ではありませんが）訪れつつあります。

そういったことからも、家族の立場としては「家族としての安心感」ではなく、何よりもまず「本人の幸せや生活の豊かさ」を一番に考えた上で住む場所を選ぶことが求められます。「ずっとここで面倒を見てもらえる」というような家族にとっての安心感と、障害のある本人が感じ、求める幸せは、必ずしも同じではないこともあるからです。

入所施設での個別対応には限界がある

「入所施設なら何があっても最後までしっかりと見てもらえる」。そうした考えをもつ方も少なくないはずです。しかし、入所施設では、本人の状態に合わせて暮らしの場を調整することに限界があります。例えば、**他のサービスを併用することに制限**があります。車いすの利用などが必要になっても、建物がバリアフリーになっていなかったり、入浴の設備が整っていなかったりすれば、生活を継続していくことが難しくなります。

他のサービスを併用することに制限
施設入所支援（入所施設）の場合、例えばヘルパーの利用などはできませんが、日中活動（生活介護や就労移行支援）や相談支援はできます。

一方、**グループホームでは他のサービスの併用ができる**ため、一対一の支援が必要になればヘルパーを利用する、医療行為が必要になったら訪問看護を利用する、入浴が難しくなれば設備の整った通所施設や訪問入浴を利用するなど、本人の状況の変化に合わせた支援の組み立てがしやすくなります。入所施設に比べて規模が小さく、建物の改修も比較的簡単です。町中にも建てられることが多いため、地域の人間関係から切り離されにくい側面もあります。

入所施設の堅牢な建物や規模の大きさに「安心感」を抱く方も多いと思いますが、グループホームには老いとともに変わる心身の状態に柔軟に対応できるというメリットもあります。

用語説明

グループホームでは他のサービスが併用できる
例えば、グループホームに入居している人がヘルパーを利用してグループホーム内で食事や入浴の介助を受けたり、訪問看護を利用したりすることができます。

グループホームありきでなく本人の希望に沿って

こう聞くと「グループホームは素晴らしい」と言っているようですが、必ずしもそうではありません。人数は少ないとはいえグループホームも集団生活であることには変わりはなく、一緒に暮らす人たちは家族ではなく他人です。そうした暮らしを希望しない人もいます。

入所施設のような大規模な集団生活とは違う暮らし方を求めることから始まったグループホーム制度ですが、最終的には障害のある人も希望に応じて「個人または世帯の暮らし」を選択できるようになるべきだと考えられています。**身体障害のある人の当事者運動**を契機に在宅サービスの設置・充実などが始まり、知的障害のある人の中からもそうした

身体障害のある人の当事者運動
1970年代に脳性マヒ者の当事者団体である全国青い芝の会などの活動が社会的に注目され、80年代には海外のノーマライゼーションの考え方の影響もあり、入所施設でも親元でもない生活のあり方として通勤寮や生活ホームといった小規模な居住形態が生まれました。89年には精神薄弱者福祉法（当時）にグループホームが位置づけられ、国の制度としてスタートしました。

暮らしを希望する声が上がりはじめ、いまでは重症心身障害者のような**24時間常時支援**を必要とする人の一人暮らしを支える取り組みもなされています。

そういった意味でも、「どこで暮らしたいのか」は、やはり**本人自身が決めていく**ことが大事であることを忘れてはいけません。「自分で意思表示できないから無理」「重度なので自己決定なんてとんでもない」というような家族の声を聞くことがあります。そうした場合には、家族や周りの支援者が本人を交えて一緒に考えていくことが必要となります。特に知的障害のある人の場合には、実際に体験することを積み重ね、本人の意思を確認していくことが欠かせません。直接意思を表示するのが難しければ、そのときどきの表情やしぐさ、何らかの反応など、様々な視点から判断していくことになります。住まいを選ぶ場合であれば、そこでの暮らしの様々な場面（居間や個室で過ごす、食事をする、1泊してみるなど）を体験し、そのときの様子を確認しながら検討していくことになります。

家族のみなさんには、自分の考えや思いで決めるのではなく、あくまでも本人の思いの確認をする一人としてお手伝いしていただきたいと思います。

用語説明

24時間常時支援
重度訪問介護や行動援護などを組み合わせて利用している人もいます。

本人自身が決めていく
障害者基本法には国や地方公共団体の責任として障害のある人の意思表示や意思決定支援に対する施策を行うことが定められています。また、障害者総合支援法では、サービス提供事業者は障害者の意思決定支援に配慮することとされています。

状況に合わせて住まいと支援を選ぶ

年齢や生活により住まいは変わる

さきほども触れましたが、家族の思いとして「安心感」を求める傾向は強く、その多くは「ずっと面倒を見てもらえるのかどうか」が基準になりがちです。ただ、どうでしょうか。多くの人は自分自身や家族、生活環境の変化などに合わせて引っ越しをすることがあります。同じように、障害のある人も状況によって暮らしの場が変わることは自然なことです。家族として「一度決めたらずっとそこに住み続けなければならない」「そこから出たら戻れなくなってしまう」というような考えをもたれているのであれば、ぜひ見直してほしいと思います。

特に高齢期を迎えた知的障害のある人は、第3章にもあるとおり、身体機能の低下とともに必要とする支援も変わってきます。心身の変化や病気の発症・進行が、障害のない人と比べても把握しづらい面があることも分かっています。また、年齢を重ねるほど人は新

用語説明

しい環境に慣れることが難しくなり、特に認知症を患っている場合は引っ越しなど環境変化によって症状が進行してしまうおそれもあります。本人がどのような生活を希望し、これまでどのような道を歩んでこられたのか把握した上で、年齢等による心身の変化をキャッチし、この先の生活と暮らしの場のあり方を少し早めに検討していく必要があると思います。

ただし、高齢になったからといって別のグループホームや入所施設に移らなければいけないわけではありません。くり返しになりますが、いま暮らしているグループホームを改修したり、支援の内容や組み合わせを調整したりすることで対応できることも多いでしょう。高齢期を迎える本人の暮らしの場をどうしていくかは、本人の希望を第一に、相談支援専門員などがコーディネーター役になって、幅広い選択肢の中から試行錯誤しつつ決めていく必要があると考えます。

「入所施設しかない」と限定するのではなく

例えば行動障害のある方には入所施設しか選択肢がないという認識は、まだまだ根強くあります。しかし実際は、多くの入所施設では一対一で支援者を配置することが難しく、他の利用者がたくさんいるなど刺激も多い環境にあります。入所施設での個別対応に限界があることは、すでに述べたとおりです。小規模なユニットでの支援を展開するなど個別対

用語説明

応に向けて努力している施設もありますが、同様の取り組みはグループホームでも実現可能です。

余計な刺激が入らない環境を必要とする人にそうした環境を用意すること。それに向けて様々な調整を行うこと。例えばこれらはまさに個別対応ですが、こうした一人ひとり異なるニーズに応じた支援を提供していくためには、すでに述べたようにやはりその場で暮らす人の人数は大きな要因です。人数が多くなるほど集団管理の側面がどうしても強まり、個別対応は難しくなります。

グループホームはもともと軽度の障害がある人が利用するサービスとして始まったこともあって、重度の障害がある人や高齢化などにより介護などが必要な人は利用できないと思われがちです。しかし、そのようなことはありません。実際に、行動障害のある人や医療的ケアを必要とする人が暮らすグループホームもたくさんあります。最近では、「看取りの支援」を行うグループホームも出てきています。

現在の人材不足、財政難のなかでそうした住まいのあり方は簡単に実現できないことも事実ですが、「入所施設しかない」と決めつけるのではなく、いろいろな選択肢があることを忘れないでほしいと思います。

いまからできる備え

コーディネーター役を見つける

障害のある人の住まいについて考えるとき、家族としては何から手を付ければいいのでしょうか。まずは、将来のことを一緒に考えてくれる人、すなわち第2章にもあるコーディネーター役を見つけてほしいと思います。すでに述べたように、家族の思いが本人の希望と必ずしも同じだとは限りません。家族以外の人も交えながら丁寧に本人の意思を確認していくことが大切です。

何らかの福祉サービスを利用する場合には、サービス等利用計画をつくる必要があります。その計画作成に携わっている相談支援専門員はコーディネーター役の候補となります。通所している方はその通所先の担当職員や管理者の方、ヘルパーを利用されている方の場合にはそのヘルパー事業所の職員でもよいかもしれません。

用語説明

家族と離れる体験を積み重ねながら

家族以外との暮らしを知らない場合には、家族以外と生活する体験をしておくことも本人にとっての安心感につながるかもしれません。ショートステイ（短期入所）のようなサービスを使ってみるのもよいでしょう。従来の入所施設内で受け入れるものだけではなく、近年は単独型ショートステイを行う事業所も増えてきています。グループホームでも体験利用ができるようになっています。まずは少しだけという場合には、移動支援というようなー緒に外出ができるヘルパーを使ってみたりすることからでもよいかもしれません。家族だけで支援をするのではなく、家族が元気なうちに本人の支援ができる人たちを増やしていくというのはとても大切なことです。

こうした福祉サービスの利用を考える場合、まずはお住まいの近くの相談支援事業者に相談します。わからないときには市町村の福祉課の窓口に問い合わせると近隣の相談支援事業者を教えてくれるはずです。

そこで短期入所やグループホームなど、サービスを使いたいという思いを伝えると、それにもとづいてサービス等利用計画が作成されます。その後、それと一緒に市町村の福祉課にサービスの利用申請書を出して認められると**サービス受給者証**がもらえます。

ショートステイの場合には、まずは見学から始めて、次に1泊2日ぐらいから利用してみるとよいでしょう。ご家族がどこかに出かけるタイミングと合わせて利用すると、本人にとってもショートステイを利用する目的にもなるかもしれません。慣れてきたら、2泊3日の利用や土日などの休日をはさんだ利用などに挑戦していくと、本人の中でも家族と離れて暮らす体験ができていきます。

次に、グループホームへの入居を考える場合も、まずは見学をしてみます。できればいくつかのグループホームを見学してみるとよいでしょう。グループホームといってもいろいろなバリエーションがあり、建物や立地、入居されている方なども様々です。

さらに、実際にグループホームでの暮らしを少しずつ体験していきます。まずは日帰りから始めるとよいと思います。これは今の制度の中ではサービスとしては利用できませんが、おそらく多くの事業所で対応してくれるはずです。他の利用者さんもいる夕方の時間帯などをグループホームで過ごしてみるとよいと思います。可能であれば夕食を一緒に食

用語説明

サービス受給者証
障害者総合支援法や児童福祉法に基づくサービスを受けるために必要です。市町村からサービスの支給決定を受けると、もらえます(詳細は30ページ)。

べてみてもよいかもしれません。

その後は**宿泊を伴う体験利用**になっていきますが、こちらはサービスとして利用が可能です。ショートステイと同じように、初めは1泊2日から、次に2泊3日を数回繰り返し、その後は金曜日から月曜日にかけてなど休日をはさんでの滞在、それが終わったら1週間まるまる泊まってみる、というような流れで少しずつ期間を延ばしていけると、本人も家族も安心できると思います。

情報を積極的に共有しよう

こうした暮らしの場を選んでいくなかで、家族にしかできない重要な役割があります。それは、生育歴や健康状態などを含めた本人の情報をしっかりと相談支援事業者やサービ

宿泊を伴う体験利用
入所施設で暮らしている人や家族と同居している人がグループホームへの入居を検討している場合、1～数日間、体験入居をすることができます（連続最長30日まで、年間50日以内）。

ス利用事業所に伝えることです。その都度、同じことを伝えなければいけないこともありますので、できれば**サポートノート**のような本人の状況をまとめたノートを用意しておくとよいかと思います。サポートノートは、各地の育成会などで取り組んでいるところもあります。

また、日々の利用に際して、本人や事業所の職員等と振り返りを行うとよいと思います。今週はどうだったか？　次はどうするか？　などの話がその都度できると、離れて暮らしている間の心配も解消されるでしょうし、将来の見通しも持てるようになると思います。そのようなことを重ねていくと、ショートステイやグループホームであった楽しいことやそこでできた仲間の話などを本人から聞く機会も出てくるでしょう。家族としては、初めは心配や寂しさのほうが先にくるかもしれません。それでも、段々とそれが安心に変わってくるようになると思います。それが、親が子離れできた瞬間なのではないでしょうか。

遅すぎることはありません

一般に新しい住環境に慣れるためには、できるだけ若いころのほうがいいとはいわれます。また、障害のある子どもを送り出すという点では、親の側も体力・気力のあるうちのほうがいいとは思います。これからは、子どもが成人した時点で「子離れ」を意識し、親は子どもとは別の人生を歩むことも大切なのではないかと思います。

用語説明

サポートノート
障害のある人一人ひとりのプロフィール（生い立ち、既往症、現在の生活状況など）や、小さいころからの支援内容を記録したもの。一貫した記録があることで、利用するサービスや事業所が変わるときなども、情報の共有がスムーズになります。

とはいえ、なにごとにも遅すぎるということはありません。新しい暮らしにチャレンジしようとする人が何歳であっても、その人の思いや生活環境などに合わせて希望のかたちを見つけていくことに変わりはありません。

いま、高齢期に差し掛かった知的障害のある人の親御さんは、福祉サービスなど十分になかった時代に「子どものために」と頑張ってこられた方々だと思います。なかには、仲間同士で作業所や働く場をつくってこられた方もいらっしゃるでしょう。そうした活動が基礎になって、いまの障害福祉サービスがあります。生活を支えるには十分ではない面もありますが、「まだまだ頑張れる」と思っておられる方には、障害福祉サービスを使って新しい生活をつくっていくことも考えてほしいと思います。

親元からの離れ方は人それぞれ

筆者が支援した
知的障害のある人たちの事例

実家で母親と二人で暮らしていた

高齢とともに母親は短期入所やヘルパーなどを利用するようになる。Aさん43歳、母親76歳の時にAさんは入所施設に入所。その2年後、本人の希望によりグループホームでの暮らしを検討しはじめる。約1年間の体験利用などを経て、46歳の時にグループホームでの暮らしをスタートさせる。

父親と二人で暮らしていた

Bさんが52歳の時に父親が他界。その後も相談支援が関わり、ヘルパーを利用しながら自宅で一人暮らしを続けるが、身体機能の低下もあって自宅での暮らしが困難に。短期入所の利用を続けたが、それまで自分でできたことができなくなり、歩行も困難になって車いす利用に。Bさんは施設での暮らしをそれ以上望まず、グループホームを体験してみることになる。何回か体験を繰り返し、グループホームに入居。その後、自分でできることも増え、以前のように自力歩行もできるようになる。

実家で両親と暮らしていた

Cさんが37歳の時に様々な事情から自宅での暮らしが困難に。施設を見学し短期入所も利用してみるが、Cさんはそこでの生活は嫌だという。グループホームもいくつか体験をしてみるが、どこのホームも本人には合わず、最終的に一人暮らしを希望。市営住宅で暮らしを始める。月に15時間の家事援助で掃除などは手伝ってもらい、食事は配食サービスを利用。困ったときは相談支援に相談に乗ってもらっている。

Dさんの場合

幼少期より児童施設にて育った

18歳になり、生活の場としてグループホームを選ぶ。2年ほどしてグループホームを出て暮らしたいという気持ちが芽生え、日常生活の中でDさん自身ができることを増やし、アルバイトも始める。その間に男性と付き合いはじめ、23歳の時にグループホームを出て二人で暮らしはじめる。その後しばらくしてから結婚した。

第5章

お金について

親なき後の生活資金をどうする?

高齢期を迎えた知的障害のある人が自身の生活費をどう確保するかは、家族としても大きな不安要素です。ただ、「あればあるほどいい」というわけではなさそうなのも、この問題を複雑にしています。親なき後のお金の問題について、解説します。

文／渡部 伸

わたなべ・しん●「親なきあと」相談室主宰、行政書士、社会保険労務士。東京・世田谷区手をつなぐ親の会会長。娘二人、次女に重度の知的障害がある。著書に『障害のある子の「親なきあと」～「親あるあいだ」の準備』（主婦の友社刊）など。

¥お金について

1 生活とお金について考える

お金はいくら残す？

「子どものために、お金はいくら残せばいいですか？」

個別相談や講演会などで、一番よく聞かれる質問です。もちろん、お金はないよりはあったほうが安心です。でも、お金を残すだけで「親なきあと」の問題は解決するのか、というと残念ながらそうではありません。

私がこの質問を受けたときは、このようにお答えしています。「お金は必要以上に残さなくても大丈夫。それよりも準備してほしいことがあります」

準備してほしいことというのは〝残したお金が本人の生活のために使われる仕組み〟のことです。お金を残したとしても、本人が舞い上がってすぐに使ってしまったり、悪い人たちが寄ってきて騙されたりしては、なんにもなりません。そういったリスクを防ぐことのほうが、より重要です。

関西で40代の男性が、数カ月間にわたって客引きに何度もバーなどの飲食店に連れてい

用語説明

かれ、その都度ATMからお金を引き出させられて貯めていた約1500万円がなくなってしまった、という事件が報道されました。お金があったとしても、それが安全に管理され、本人の生活に使われなければ意味がありません。

収入と支出を知る

本人の収入と支出にはどのようなものがあるのか、まずはそれを把握して必要な準備をしてください。収入であれば、仕事による給与や工賃、障害年金や各種手当などがあり、受け取るために申請が必要なものがあります。支出であれば、おそらく一番大きいものは親と離れた場合の住居費ですが、入所施設やグループホームには助成金などの仕組みがあります。また、光熱費などの固定費、さらには医療費もかかってきますが、これらの支出にもさまざまな助成や

出ていくお金（支出）

- □ 住居費（家賃）
- □ 光熱水道費
- □ 食費
- □ 被服費
- □ 医療費
- □ 保険料

...etc.

入ってくるお金（収入）

- □ 障害基礎年金
- □ 福祉手当
- □ 給付金（家賃補助など）
- □ 給与
- □ 工賃
- □ 不動産等の家賃収入

...etc.

事件
大阪府内に住む知的障害のある男性がJR奈良駅近くで客引きの女に声を掛けられ、一緒に入店した飲食店で約80万円を請求され、コンビニのATMで預金を下ろして支払わされた事件。男性はその後も継続的に女らに呼び出され、合計で約1500万円を支払わされました。

各種手当
国による特別障害者手当のほか、自治体ごとに独自の手当が設けられている場合もあります。

助成金
グループホーム入居者には、家賃助成として月1万円（家賃が1万円未満の場合は実費）が給付されます。実際には、入居者本人ではなくグループホーム事業者に支払われ、入居者の家賃として差し引かれます。

減免措置があります。ただし、やはり手続きが必要です。大病した場合に医療費が多額にかかる可能性もあるので、医療保険なども考えておかなければいけません。これらを忘れずにおさえておきましょう。

必要なのはお金の残し方と管理の仕組み

本人の生活を支えるためには、まず〝お金の残し方〟を考える必要があります。遺言がその代表的なもので、自筆証書遺言、公正証書遺言といった種類があります。残された人たちが困らないように、遺言はぜひ書いていただきたいと思います。

お金の残し方については、最近は信託などを活用して定期的に本人にお金を給付するといった仕組みが増えていますので、この本ではおもにそちらを紹介します。

次に、その残したお金をどう管理するのか、〝お金を管理する仕組み〟も重要です。当然ですが障害のある子どもにお金を残しただけでは安心できません。本人の将来の生活のために使われるようにサポートしてもらう必要が出てきますね。そのおもな方法として、成年後見制度、日常生活自立支援事業があります。

さらに、将来本人が生活に困ったときには、最後のセーフティネットである生活保護があります。

それぞれの制度の内容と、障害のある子どもがいる家庭はそれらをどのように使ってい

用語説明

けばいいのか、詳しく紹介していきます。さまざまな選択肢があるということをぜひ知っていただきたいと思います。

お金を残す仕組み	
遺言	自筆証書遺言　公正証書遺言
信託	家族信託　生命保険信託 特定贈与信託　遺言代用信託
その他	障害者扶養共済 個人型確定拠出年金（iDeCo）

お金を管理する仕組み	
成年後見制度	法定後見（後見・保佐・補助） 任意後見
日常生活自立支援事業	
その他	財産管理等委任契約

生活に困ったときのセーフティネット	
生活困窮者自立支援制度	生活保護

使える制度を知る

信託を障害のある子どもの資産管理に活用する

信託とは、親の財産を信頼できる相手に「信じて託し」、親がいなくなった後にこのお金を子どもの生活に必要な額だけ給付してもらうというものです。信託する相手には信託銀行や信託会社といった専門の機関もありますし、きょうだいなど家族や親族、信頼できる第三者にお願いすることもできます。

信託を始めるためには、託す相手と契約を結ぶ必要があります。この契約書を作れる専門家はまだ限られていて、障害のある人の家族の関心が高まっているわりには信託を実際に利用している事例は少ないような気がします。ただ、信託契約書を作成できる専門家を養成する団体がありますし、障害のある人の家族向けの信託を開発しようと独自に研究している方々もいるので、数年後には信託の事例も大きく広がるのではないかと期待されています。

用語説明

具体的な信託の使い方

例えば父親が親族の中で頼れそうな甥と信託契約を結ぶとします。父親が亡くなった後、その契約にもとづいて甥が障害のある子に生活費を定期的に渡します。もし子どもが亡くなった後も財産が残っていたら、そのお金はお世話になった社会福祉法人に寄付する、といったことまでこの契約で決めることができます。

　ある程度判断能力があれば、その遺産を使って自由な生活を楽しむことができます。その反面、遺産がまとめて子どもの口座に振り込まれてしまうと、短期間で浪費したり、詐欺にあってとられてしまったりという危険とも背中合わせです。こういったリスクを、信託をうまく使うことで防ぐことができます。

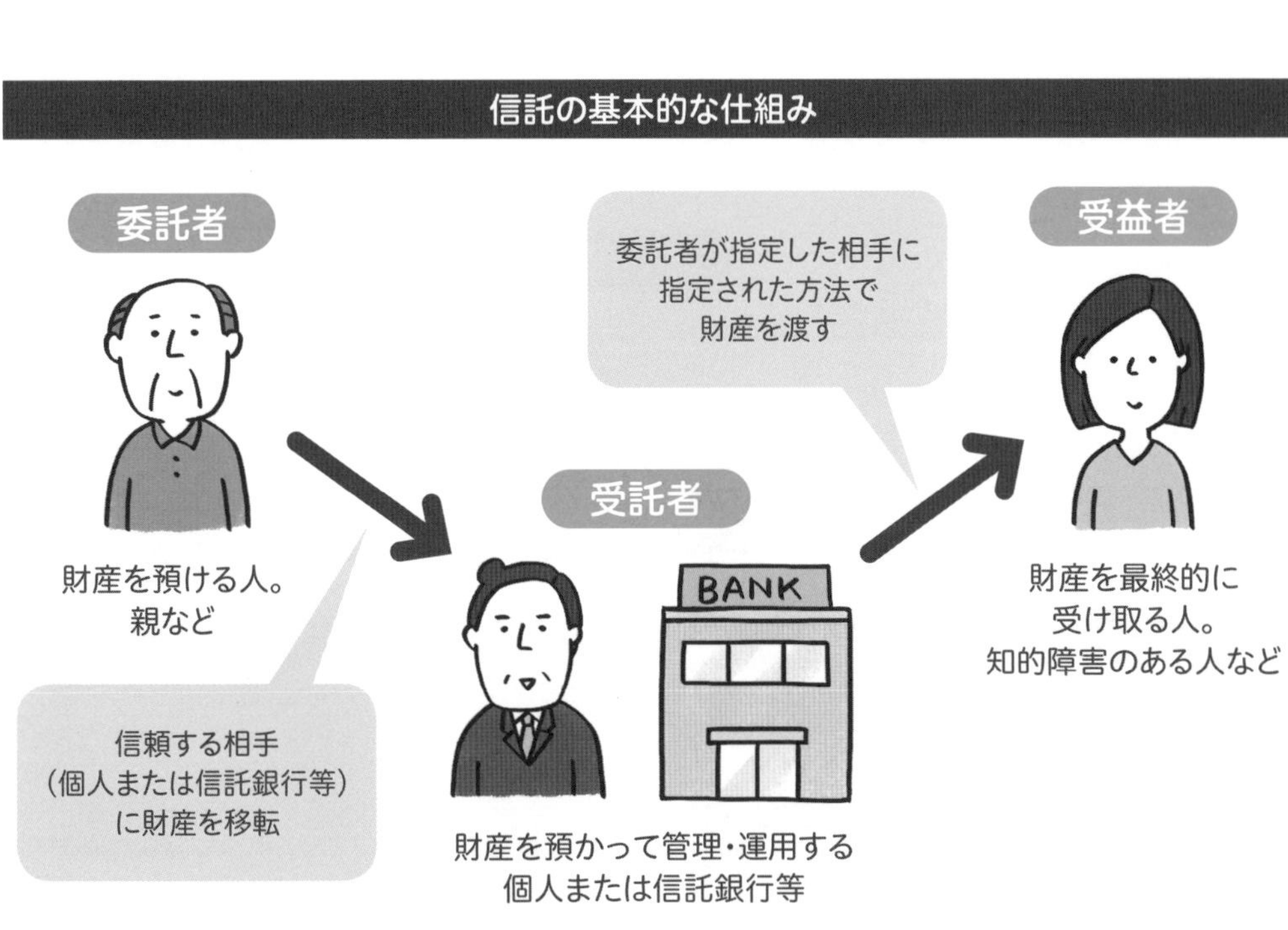

■生命保険信託

信託を活用した仕組みの一つに、生命保険信託というものがあります。通常、生命保険の死亡保険金は契約者が亡くなったときに一括で受け取りますが、例えば障害のある子が受取人の場合、信託会社から保険金が分割で定期的に支払われるようにするというものです。

扱っている保険会社もまだ限られていますが、参入する会社も少しずつ増えてきており、選択肢も広がってきています。特に障害のある子どもを持つ親に限定した商品ではありませんが、多くの保護者から問い合わせや申し込みも来ているそうです。信託の仕組みを利用して子どもにお金を残したいけれど安心して財産を託せる人がいない、なるべく費用は抑えたい、という場合に有効な方法だと思います。

生命保険信託

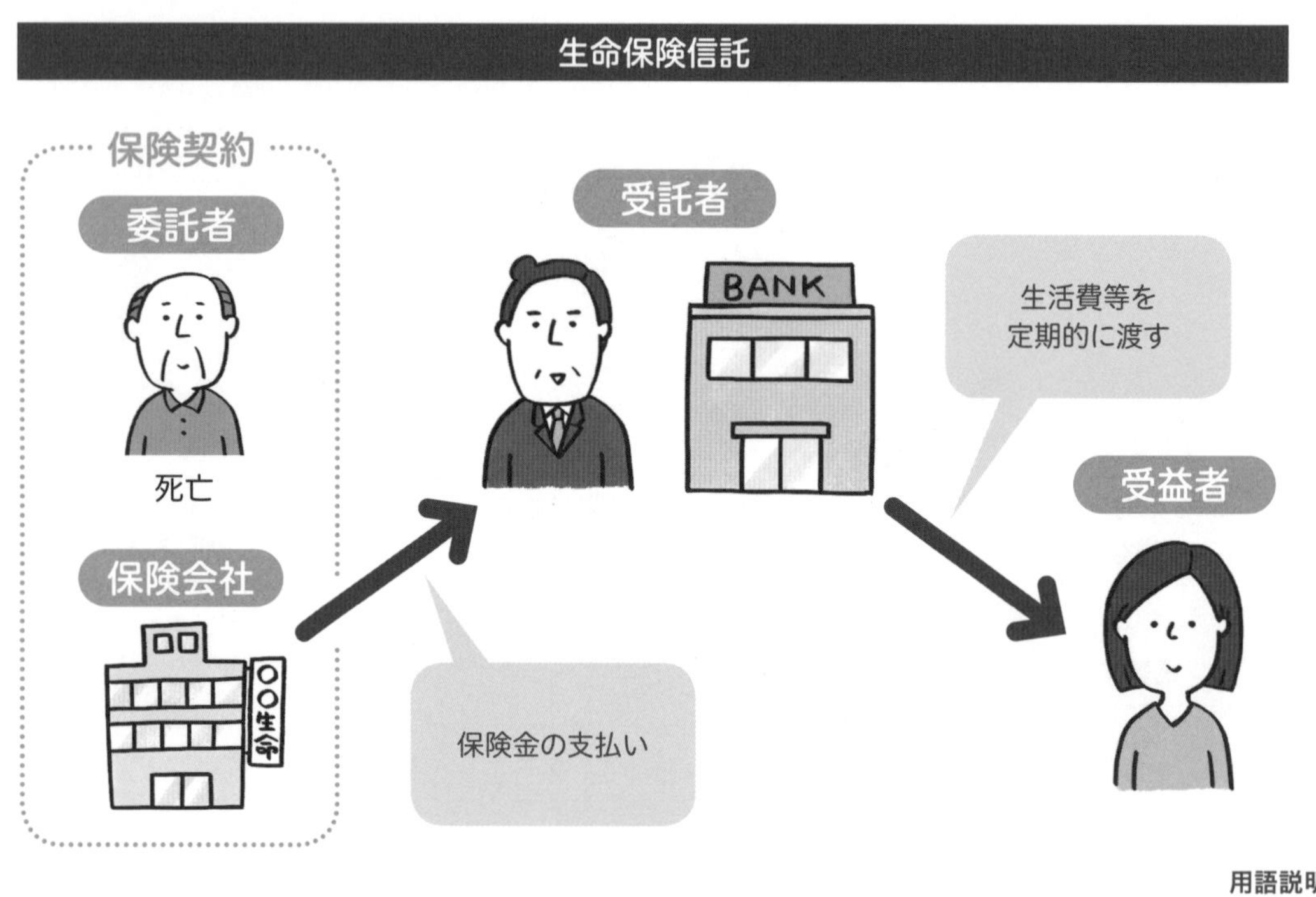

用語説明

■特定贈与信託

特定贈与信託とは、障害のある人の「親なきあと」の生活を安定させるために、家族が金銭などの財産を信託銀行などに信託するものです。信託銀行などはその財産を管理・運用し、障害のある人に定期的にお金を渡します。この制度を利用すると、特別障害者（重度心身障害者）には6000万円、それ以外の特定障害者（中軽度の知的障害者および障害等級2級、3級の精神障害者）には3000万円を限度として、贈与税が非課税となります。

注意したい点は、特定贈与信託を利用するにあたり、障害のある人の状況によっては**成年後見人が必要になる**場合があるということです。利用を検討している場合は、この点を信託銀行などに確認してください。

特定贈与信託

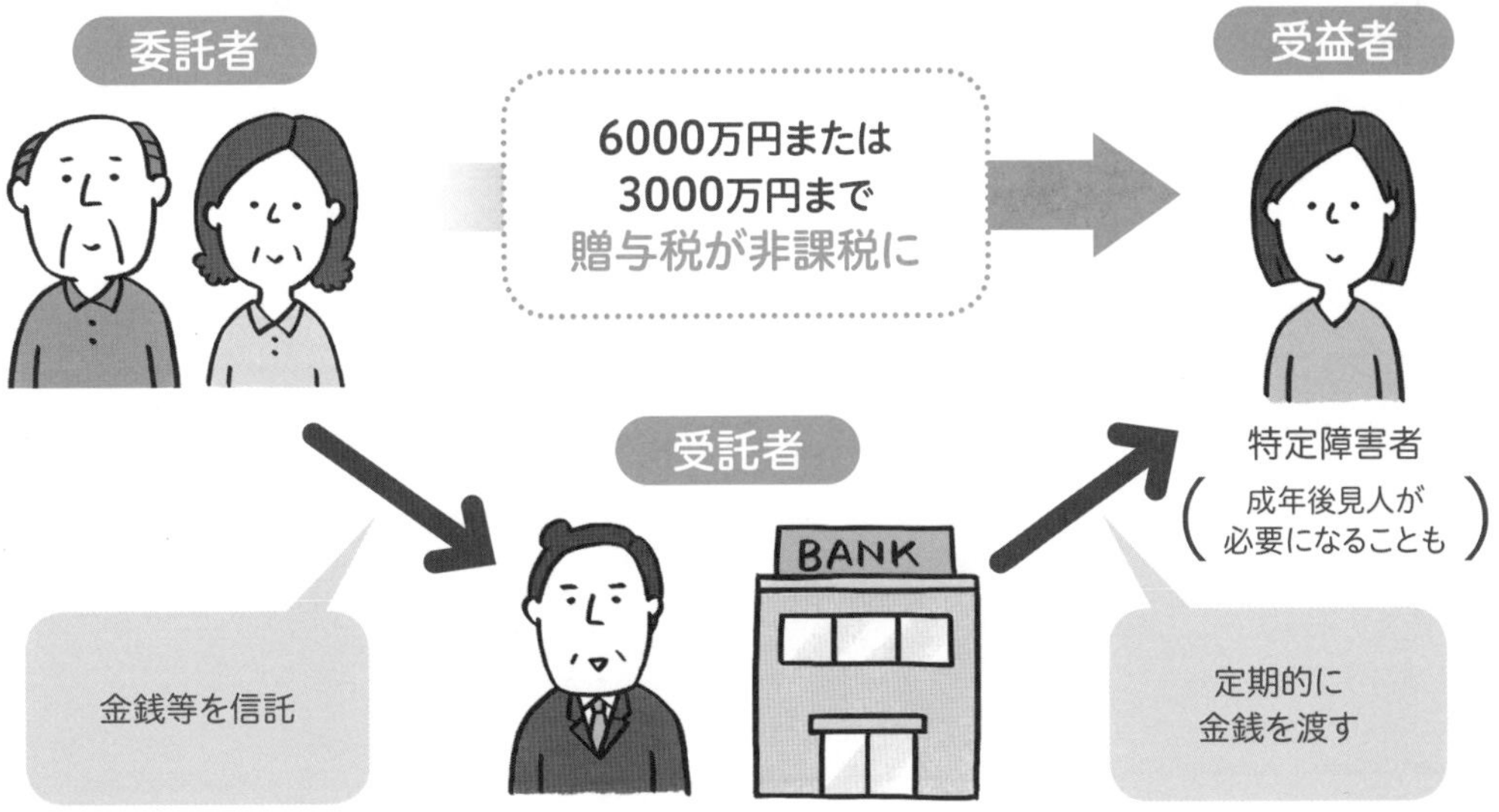

委託者
6000万円または
3000万円まで
贈与税が非課税に
受益者
特定障害者
（成年後見人が必要になることも）
受託者
BANK
金銭等を信託
定期的に金銭を渡す

成年後見人が必要になる
制度上の要件ではありませんが、特定贈与信託の契約を結ぶに当たって信託銀行等から成年後見制度の利用を条件とされる場合があります。

■信託機能を手軽に利用できる信託銀行の商品

信託銀行などの金融機関では、遺言代用信託という信託の機能を持つ商品を、それぞれ親しみやすい商品名をつけて販売しています。

商品の仕組みは次のようになっています。数百万円から3000万円程度の金額を信託銀行などに預けると、銀行は信託財産として管理します。多くの場合、管理報酬などはかからずに元本保証となっています。預けたお金はほとんど増えも減りもしないということです。そしてあらかじめ決めたタイミング、例えば信託財産として預けた親が亡くなった際に、決めておいた受益者である子どもに定期的にお金を給付するという仕組みです。そして、子どもに給付している間に子ども本人が亡くなったら、あらかじめ決めておいた次の受益者に残ったお金を渡す仕組みもあります。つまり、残ったお金を施設などに寄付できるということですね。

数年前から始まったもので、まだあまり知られていない商品のようですが、信託の機能を一番シンプルに実現できるものかもしれません。関心を持たれた方は、お近くの信託銀行などの店舗にお問い合わせください。

■障害者扶養共済制度

この制度は、障害のある人の保護者が毎月掛け金を納付することで、心身障害者に一定額の年金を終身支給するものです。支給額は加入1口当たり月額2万円です。実施主体は

用語説明

各自治体ですが、全国的に統一された仕組みで運営されています。仕組みとしては民間の保険商品とほぼ同じだと思っていいでしょう。

加入者である保護者が65歳になり、加入期間が20年以上になるという両方を満たした場合、それ以降の掛け金を納める必要がなくなります。そして、加入者が死亡もしくは重度障害となったときから、障害者である子どもに対して終身年金が支給されることになります。掛け金は加入時の年齢によって異なりますが、現在の低金利時代における年金保険としてはけっこうお得な条件ではないかと思います。

もちろん、障害のある人本人が受けとった年金をだれが管理するのかなど、まさに「親なきあと」問題はついてきますが、子どもの将来の生活の安定のために、検討する価値はあると思います。詳しい内容については、お住まいの市区町村の障害福祉課など行政の担当窓口にお問い合わせください。

■個人型確定拠出年金（iDeCo）

個人型確定拠出年金、通称iDeCo（イデコ）とは、加入者が毎月掛け金を積み立てて、60歳以降に年金または一時金として受け取ることができる制度で、2017年から加入できる人の対象が広がり、保険料支払いの法定免除を受けている障害基礎年金の受給者も加入できることになりました。信託や共済とは違って、障害のある人自身の資産を障害のある本人が年老いたときに定期的に年金として受け取れる仕組みです。

例えば年金を受給していても、親と同居している場合だと、年金をあまり使わずに本人の口座に貯まったまま、ということはよくあるかと思います。もちろんそれでも構いませんが、少しでも増やして老後の本人の生活資金に充てるために、iDeCoで運用するという選択肢も考えられます。

成年後見制度の基礎知識

成年後見制度とは、判断能力の不十分な人を保護するため本人の行為を制限するかわりに、本人に代わって**法律行為**をする人を決めて、その人が一定の法律行為をする制度です。例えば、認知症になったお年寄りや障害のある人のために後見人が就任し、金銭の管理（財産管理）や入所施設の契約手続きなど（身上監護）が行われています。

成年後見には、すでに判断能力が不十分な場合の**法定後見**と、将来に備えて契約を結ぶ**任意後見**があります。さらに法定後見には、その判断能力の状況に応じて、**後見、保佐、補助**の3つの類型があります。

後見人の不正は一時期より減っている

弁護士や司法書士といった専門職の後見人が被後見人から多額の財産を横領した、とい

用語説明

法律行為
その人の意思表示に基づいて、法律上の効果を生じさせる行為。例えば、売買や賃貸などの契約、遺言の作成などがあります。ただし、成年後見人は遺言の作成はできません。

法定後見制度
判断能力が不十分な場合に、家庭裁判所が選んだ成年後見人等がつく制度。

任意後見制度
自分自身に判断能力があるうちに、将来に備えて後見人（任意後見人）を自分で選んで契約しておく制度。

後見、保佐、補助
法定後見制度では、本人の判断能力に基づいて後見・保佐・補助の3つの類型が設けられています。もっとも広い範囲の権限をもつのが後見、権限の範囲が狭いのが補助です。

う報道をよく目にします。成年後見制度の話をすると、必ずと言っていいほどこの話題が出ます。

専門職後見人の事件は金額が大きいので、新聞記事にもなりやすいようです。ただし、統計上は専門職による不正や横領は全体の1割程度で、残りの9割は家族や親族の後見人によるものなのです。

家族や親族の不正横領をなんとか減らそうと、家庭裁判所も**後見制度支援信託**や**後見監督人**という新しい制度を始めました。その結果、ピークだった2014年の被害金額約56・7億円は、15年には29・7億円、16年には26億円と半減。さらに17年には14・4億円と、14年の約1／4になっています。これらの制度は、報酬が発生するなどの理由で後見人である家族から不満の声を聞くこともありますが、不正を減らすという意味ではとりあえず効果が出ています。

成年後見制度は若い障害者には向いていない？

私が講演会や相談などでお会いする親御さんたちは、成年後見制度についての関心が非常に高く、よく勉強もされています。ただし、実際に子どもに後見人がいるという人は、まだあまり多くはないという印象です。そして、そうした親御さんの多くが「障害のある子に成年後見制度は向いていない！」とおっしゃいます。高齢者と違って年齢が若い障害

後見制度支援信託
被後見人（知的障害のある人など）が信託銀行等に日常的に使う分以外の金銭を信託し、そこから必要に応じて家庭裁判所の指示に基づいた金額を定期的・一時的に後見人に渡すもの。後見人による預貯金の着服などを防ぐ効果があります。

後見監督人
後見人による不正を防ぐため、後見人の事務を監督する役割を担います。家庭裁判所が必要と判断する場合に選任されます。後見監督人への報酬も被後見人の財産から支払われます。

者の場合、後見が長期間に及ぶ可能性が高い、そして成年後見は一度始めたらやめられない、というのがいちばんの理由でしょう。

例えば知的障害のある子どもが20歳になったときに、本人の権利擁護のために成年後見制度を使うことにしたとします。最初は父親が後見人になりました。その後、父親も年をとって細かい財産管理や家庭裁判所に報告書を出すのが困難になり、後見人を辞任することにしました。これは問題ありません。ただ、他に後見人を頼める人もいないので子どもの後見制度そのものをやめたいと申し出ても、それは認められないのです。なぜなら、判断能力が不十分だからその子を守るために後見制度を始めたのに、後見人をやめるからといって後見制度もやめてしまったら、判断能力の不十分な人をそのまま放っておくことになるからです。20歳の子に後見人をつけたら、その後の本人が生きている間、40年、50年と後見人がつくことになります。

長期間支払う後見報酬も大きな問題

後見人が長い期間つくことが一概に悪いことだとは思いません。むしろ、本人の権利擁護のためには必要なものなので、早い段階から成年後見人をつけるのは親として正しい判断なのかなとも思います。ここで大きな問題となるのは、後見費用のことです。

専門職が就任した場合、後見報酬を長期間払わなくてはいけなくなり、決して多くない

用語説明

本人の収入がさらに目減りしてしまって困っている、という声もよく耳にします。また、親族が後見人について報酬をとらない場合でも、後見監督人が家庭裁判所から選任されて本人の資産から報酬を支払うことになるケースも増えているようです。

専門職が後見人についた場合の報酬は額が決まっているわけではなく、家庭裁判所がケースに応じて決定しています。例えば東京家庭裁判所では、通常の後見業務の場合の後見人の報酬は月額2万円、後見監督人の報酬は1〜2万円としていて、被後見人の財産管理額が多額だったり、特別困難な後見業務があった場合はそれに応じてその報酬額が増える、という目安をホームページ上で公表しています。これは、例えば障害年金しか収入のない人から見れば決して少ない金額ではないでしょう。

この報酬についての課題があるため、年齢の若い障害者には成年後見制度は向いていない、まだ利用しなくていいのでは、と思われていることが多いように見受けられます。

いつかは後見が必要になるときが来る

では、成年後見制度は障害のある人には向いていない制度なのでしょうか？　私は障害のある子の親に聞かれたときには、高齢で健康にも不安があるというケース以外は「もうちょっと待ってみてもいいんじゃないでしょうか」というようにお答えしています。

本人の権利擁護ももちろん大切ですが、障害のある人の親はほとんどの場合、たくさんの心配や悩みをずっと抱えていて、精神的にきつい状態が続いているものです。そうした親をさらにまた追い込むようなことはしたくないというのが、私の正直な気持ちです。

ただし、ずっとそのままでいいわけではありません。やはり親が高齢になり、健康面、判断力の面で不安が出てきた場合は真剣に考えなくてはいけなくなります。子どもの面倒もそれまでのように見られなくなってきますし、近い将来に相続の問題も出てくるでしょう。障害のある人本人の口座に遺産が入ったとき、だれがこれを管理して本人のために使うのか、という問題も起きてきます。そのときのために、今すぐ後見人をつける必要はなくても、自分たち家族にとって将来後見制度は必要か、そのときにはだれを、どんな形で後見人に立てるべきか、ということを、ぜひ家族で話しあっておいていただきたいと思います。

また、成年後見制度についてはその**利用の促進に関する法律**が２０１６年に施行され、さまざまな見直しが行われる予定です。今後も制度は社会の実情に合わせて変化していくので、ぜひアンテナを張って情報を取るようにしてください。

日常生活自立支援事業の基礎知識

日常生活自立支援事業は、日常生活を営む上で必要な福祉サービスを、自分の判断で選択、利用することが困難な人を対象にした制度です。契約に基づき、事業主体である社会

用語説明

成年後見制度の利用の促進に関する法律

成年後見制度の利用促進のため、「成年後見制度の理念の尊重」「地域の需要に対応した成年後見制度の利用の促進」「成年後見制度の利用に関する体制の整備」を掲げ、具体的には保佐・補助の利用促進、被後見人の権利制限（いわゆる欠格条項）の見直し、任意後見制度の積極的な活用、市民後見人等の育成等を基本方針として示しています。

なお、同時期の法改正により、家庭裁判所が認めた場合に被後見人宛の郵送物を後見人が転送で受け取れるようになり、火葬や生前にかかった費用の支払いなど被後見人が亡くなった後に後見人が行う事務の範囲も明確になりました。

福祉協議会から派遣された支援員が、福祉サービスの利用に関する相談、助言や情報提供、金銭管理などの支援を行い、利用者が自立して安心した生活を送れるようにサポートすることを目的としています。

法律や制度の主体は異なりますが、判断能力に不安がある人の生活を支援するという意味で成年後見制度と近い性質があります。ちょっとおおざっぱに言うと、日常生活自立支援事業は成年後見の簡易版、という感じです。

日常生活自立支援事業でできること	
相談・助言	○ 福祉サービスの利用に関する情報の提供、相談 ○ 入所の施設や入院している病院に関する相談 ○ 住宅改造や居住家屋の賃借に関する情報提供、相談
事務手続きの支援	○ 福祉サービスの利用における申し込み、契約の代行、代理 ○ 年金や福祉手当の受領に必要な手続き ○ 住民票の届け出等に関する手続き
支払い等の支援	○ 福祉サービスの利用料金の支払い代行 ○ 病院への医療費の支払いの手続き ○ 税金や社会保険料、電気、ガス、水道等の公共料金の支払いの手続き ○ 日用品購入の代金支払いの手続き ○ 商品購入に関する簡易な苦情処理制度(クーリング・オフ制度等)の利用手続き
金銭管理に関する支援	○ 預金の出し入れ、また預金の解約の手続き ○ 通帳や印鑑、証書などの書類の保管

※全国社会福祉協議会パンフレット
「ここが知りたい 日常生活自立支援事業」より作成

成年後見を利用しはじめるタイミングは？

将来的には成年後見制度も必要なのはわかるけれど、自分が元気なうちは子どもの面倒は自分で見たいと考えている人は多いと思います。でも、いつ体調や判断能力が衰えて子どもの面倒が見られなくなるのか、なかなか自分ではわからないのではないでしょうか。親が元気なうちに、自分の判断力が落ちてきたら子どもの成年後見制度につなげられるような準備をしておいてください。その準備とは、親が弱ってきたことを知ってもらえるよう周囲にいろいろなつながりを持っておくことです。

両親とも健在か、きょうだいなどが同居している場合はあまり問題ないのですが、親ひとりと障害のある子どもだけで暮らしているケースでは、親が弱ってきたときにそのことを周囲に知ってもらう必要があります。

そのためには、例えば親自身が任意後見契約を結び、その契約中に自分が弱ってきて契約が発効したら子どもの後見申立てをしてもらうという条項をつけておくという方法があります。また、日常生活自立支援事業を利用して、支援員に定期的に訪問してもらうなかで気づいてもらう、ということも考えられます。

でも一番大切なのは、親の判断能力が衰えてきたサインをキャッチしてもらえるように、社会との接点を持っていることです。趣味のサークルやボランティア活動、親の会な

用語説明

ど、なるべくたくさんのつながりをつくってください。そうすれば、いざというときに、必要なルートにつないでもらえる可能性が高くなります。

他に手段がなければ生活保護を申請しよう

さて、どうしてもこのままでは生計が維持できないとなった場合、最後のセーフティネットとして生活保護制度があります。

生活保護は、憲法に規定されている健康で文化的な最低限度の生活を営む権利を保障するとともに、その人の自立を助けるためのものです。生活保護を受けることは国民の権利なので、生活を維持するために必要であればしっかり申請してください。同時に、少しでも収入を増やす努力をして自立を目指すことも必要になってきます。

生活保護を受けるには、国が定める生活保護基準によって計算された**最低生活費**を、収入が下回っていることが条件となります。単に生活が苦しい、というだけでは対象とはなりません。この生活保護基準ですが、住んでいる地域、家族構成や年齢、障害の有無など、細かく設定されています。これによって算出された最低生活費と、世帯の収入と認定された額を比較して、収入認定額が最低生活費より少なければ、その差額が生活保護費として支給されることになります。

最低生活費
生活扶助・障害者等の加算・住宅扶助・教育扶助・介護扶助・医療扶助・生業扶助の合計額。

まず何からはじめる？

ある二人の事例

Sさんは40代後半の男性。自閉的傾向が強く、10年前からある障害者支援施設に入所しています。父親は早くに亡くなり、母親も最近亡くなりました。Sさんには両親が残した多額の資産があります。ただ、せっかくのお金もSさんの使い道はほとんどありません。後見人がついていますが、その立場で本人のために大きなお金を使うとなると家庭裁判所の許可が必要ですし、そもそもSさん自身がお金を使って何をしたいかという意思もはっきりと確認することは難しそうです。

はたから見れば、両親が元気なうちにそのお金を使って楽しい思い出をたくさんつくればよかったのではないかと思ってしまいます。でも、結果的に使えなくても、子どもの将来のためにお金を残せたと親が安心できたことが大切なのかもしれません。これからもSさんは施設で穏やかに生活ができるでしょう。入所施設の職員はSさんのことをよく知り、必要な支援をしてくれます。行政も関わってサポートしています。両親が周囲につな

用語説明

がりをもち、何か問題が起きても支援してもらえる態勢を築いてきたからだと思います。

Tさんは軽度の知的障害がある40代前半の女性。両親が早くに亡くなり、同居していた兄に親の遺産を使われ、生活保護のお金もとられるなど経済的虐待を受けたため、行政の措置でグループホームに入居して兄と離れ、成年後見制度も利用しはじめました。

年金の受給ができないTさんには収入はほとんどなく、生活保護のお金で生活しています。家計に余裕はなくても、生活介護の職員や、グループホームの世話人、市の職員、計画相談の担当者、後見人など、たくさんの支援者が彼女に関わっています。施設でトラブルがあったり入院したりと、なかなか平穏無事な生活とはいきませんが、その都度関係者が集まって今後の対応を相談し、安定した生活が保てるよう支援しています。

ここで紹介した二人は、お金があるかないかという点からすると対照的な状況です。でも、将来の生活についてはとりあえず安心できる環境にいます。では、共通点は何か。それは、本人を支える人々が周囲にいることです。この二人の場合、親はすでに面倒を見ることはできません。ただし、いろいろと課題はありながらも、本人のことをよく知る人たちがチームで支えてくれているということで、安定的な生活が確保されています。

本人をどのような形で支えるとしても、可能ならチームで支える仕組みができれば理想的です。成年後見制度を利用するとしても後見人だけが本人に関する決定権をもつのではなく、本人に関わる人たちと話しあう環境があればより安心です。きょうだいが支援する場合でも、すべてを背負わせるのではなく、さまざまな支援機関や福祉担当者を巻き込んだ態勢を整えることが、本人やきょうだいにとっても心強いはずです。

とりあえずやっておくこと

本人が将来お金で困らないために準備してほしい管理の仕組みについて、ここまで紹介してきました。もちろん、可能であれば家族の状況に合わせてしっかり準備するに越したことはありません。

そういった準備が思うようにいかないこともあるかと思います。でも、心配しないでください。さきほどの二人の例のように、残したお金の多い少ないにかかわらず、地域との接点をもって託す準備をしておけば、きっと周囲の方々が支えてくれます。

そのためにやっておいてほしいのは、繰り返しになりますが社会との接点をできるだけたくさんもつことです。普段から、周りの親の会の先輩でも、行政の担当者でも、遠慮せずに巻き込んでほしいと思います。そのつながりが、将来必ず本人の地域での生活に役立つことになると私は信じています。

用語説明

第6章

備えについて

私たちがいまできること

相談、医療、住まい、お金と、知的障害のある人の高齢期に考えたいことを取り上げてきました。それでは、実際に知的障害のある人の親はどのような思いで「親なき後」に備えているのでしょうか。私たちがいまできること、あるいはできないことは何でしょうか。

子どもから、手を離すとき

――竜円香子さん（千葉県・75歳）

知的障害のある娘は今年、48歳になりました。もう信じられないほど、はるかかなたに親子で来たなあと思います。

8年前に夫が亡くなり、相続に関する法的手続きをクリアするために、私が成年後見人になりました。

そして、これまで家族全体でドンブリ勘定だった家計も、書面上とはいえ娘のぶんは独立させました。そうすることによって、にわかに娘が家族の中で独立した一人の人として浮かび上がってきたこと、「娘はこのお金で暮らしていくのだ」と娘のこれからの生活が具体的に見えてきたことなど、それまで想像しなかった思いを味わいました。

必要なお金と生活の設計

障害のある子どもにどのくらいお金を用意すればいいのか、不安を抱く方が多いかもしれません。まずは、本人の年間の収入とおもな支出を割り出し、臨時の出費も計算に入れて本人がどれくらいお金を使っているかを把握してみることが大事です。それによって、お金に関する生涯設計をまがりなりにも立てることができます。「親なき後の準備の第一段階を超えることができた」と、私はその時しみじみ思いました。夫が亡くなり次に私の番になる前に、遺言書も書きました。2歳違いの上の娘が承諾したので、次なる後見人になってほしいと書きました。相続に関しても、具体的に書きました。それはそれぞれの家族の事情によって様々ですが、私たちにもお金が必要であると同じように障害のある人にも必要であることにかわりはないと思います。

そのとき、先ほど書いた本人のお金に関する生涯設計が大切になってきます。親なき後、上の娘には妹のことに縛られずに自由に生きてほしいと思っています。本当は後見人も第三者にお願いしたかったのですが、現在の後見人への報酬を考えると、まずは上の娘に後見人になってもらい、妹が一人残された段階で第三者後見人に代わってほしいと思っています。障害のある人は、資産も収入も少ない人が多い上に後見期間が長いことを考えると、今の報酬額では豊かな生きがいのある生活を奪ってしまいかねないと考えるからです。

地域の中で生きていくこと

私たち家族の次の課題は、親なき後に娘がどこで暮らすかです。地域のグループホームで生活してほしいこと、入居できるホームが見つからなかったら相談支援や信頼できる法人・事業所に相談をすることなどを上の娘にも伝え、遺言書にも書きました。

親はつい子どもの「障害の重さ自慢」をしがちですが、わが家の娘は言葉がまったく出ず正真正銘の重い障害です。でも、地域で暮らしていくことは大丈夫だと私は思っています。なぜなら、私たちの地域の様子を見ていると、障害福祉サービスと介護保険との併用で暮らしを組み立てている人、訪問医療や訪問看護でグループホームの暮らしを続けている人など、高齢の知的障害のある人の地域での暮らしが一歩一歩始まっているからです。まだそれほど数は多くはありませんが、本人のニーズや思いに誠実に答えていく中で障害福祉分野の高齢化に対応する道筋ができてくると思っています。

ある講演会で、80歳になるお母さんの「いままでいろいろなことがありましたが、私も年を取りました。私は子育てを卒業します」という言葉が紹介されました。信頼できる人と地域にめぐりあって、堂々の子育て卒業宣言です。私も続きたいと、自分に言い聞かせています。

無事であれば、80歳まであと4年強、地域の状況をちゃんと知って、信じて託していきたいと思っています。どかんと「安心」が目の前に見えるものではないと、親が徐々に引いていく中で、地域の安心が見えてくるものだと、そう思っています。

たくさんの理解者に囲まれながら

——上野敬子さん（神奈川県・81歳）

息子には自閉症を伴うかなり重い知的障害があり、54歳。街中のグループホームに入居して約28年になります。私は81歳です。

息子は特に言葉が不自由で、他の人になかなか通じなくて意思を伝えることが難しいのです。グループホームでは職員はじめ、ヘルパーさん、アルバイトさん、ボランティアさんが息子の分かりにくい独特の言葉と変わった行動を理解してくださり（まだ私でさえも完全には理解できず謎は残るのですが、分かろうと努力してくださり）、好きなこと、嫌なことを分かって接してくださるので、落ちついて暮らしています。

このグループホームは「本人の意思を大切に」という原則で運営されていますので、援助者は意思を聞き出すための努力、そのための情報を分かりやすく提示すること、選択肢を伝えること、ときには交渉をすることなどの工夫をして本人の意思を確認してくださっています。

グループホームのある町内では、近隣の方々が行事の時は必ず声をかけてくださり、災害時にも駆け付けてくださるとのことです。

多くの理解者に囲まれて、自分らしい生活を貫いて元気に暮らしている息子を見ると、「私がいなくなっても大丈夫。元気に暮らしてくれるのではないか」と思います。

老いていく姿も見せながら

お母さんが亡くなって不安定になった障害のある人の話を聞くと、私も心穏やかではありません。でも、何事もなかったように平気でいられてもちょっと寂しい気がします。勝手ですね。

息子は、祖父母と一緒に暮らしていましたから、人はやがて死ぬのだということとは分かっています。そのうち両親がいなくなるというのは、理屈としては受け入れやすいとは思うのです。でも、特に障害のある人にとって、親の存在は大きいものだと思いますので、急にいなくなればショックは大きいことでしょう。

言葉だけでなく徐々に実感させるには、病気になったり、弱ったりしていく姿を見せることが大事だと思っています。

また、いまは時々実家に帰ってきたり泊まったりしていますが、私たち夫婦がいなくなったら帰れなくなるのですから、そのことをいまからよく伝えておかないといけないと思います。「この家はよその人が住むのだから来てはいけない」とか、「入ると不法侵入(ニュースを見るのが好きな息子は、こんな言葉を知っています)で警察が来て逮捕されるの」とか、具体的に説明しないといけないかもしれません。

より安心な成年後見制度に

私たちがいなくなった後、遺産が少しは残るでしょうが、相続のためやその後の管理、入院時の保証や福祉サービスの契約などのために成年後見人を付けなければならないとのことです。私たち親が後見人になることも難しく、親戚にも知人にも適当な人が見つからないとすると、知らない人に料金を払ってすべてを委ねなければならないのです。

現在、後見制度を利用している二人の親御さんに聞いてみましたが、共通しているのは「お金の流れがさっぱり分からない」というものでした。「預けている預金通帳を見たことがない」「通帳のコピーを請求しても断られた」というのです。電話がかかってくるのはお金を振り込んでくれという時だけ。二人とも不満や不安を漏らしていました。

親やきょうだいあるいは親族の誰かに毎月預金通帳のコピーを送ったり、大きな出費があった時には領収書のコピーを付けて報告したり、入院や契約をした時は必ず報告するなどしてほしいのです。

身寄りのない人には、信頼できる機関が必ずチェックする仕組みが必要だと考えます。家庭裁判所がチェックすることになってはいても、報道されるように後見人等の不正があっては〝後の祭り〟です。どうかチェック機能が働くように福祉団体や福祉関係機関でぜひとも検討していただきたいものです。

暮らしやすい環境を整えるためにできることを

――岩井功次さん（広島県・76歳）

息子（次男）は年齢44歳で知的障害を伴う自閉症。療育手帳はA、障害支援区分5の重度障害者です。グループホームで暮らしながら平日の日中は作業所に通い、週末は実家で私と過ごすのが日常です。

私は昨年後期高齢者の仲間入りした76歳。妻は22年前に病死しました。2歳年上の長男は、夫婦共働きで二人の子どもを育てています。次男の今後を考えたとき、長男に支援をお願いするのは負担が大きすぎると思い、2014年から次男は成年後見制度を利用しています。おもに身上監護を考え、後見人は社会福祉士にお願いしました。

私が亡くなったら、次男にとっていまの作業所やグループホームが生活の主体になるはずです。家族との生活とは違い、仲間と一緒の集団生活。その中で本人が抵抗なく生活していくためには、本人の望むことだけを考えるのでなく、ときには必要に応じてガマンすることも教えながら、他の人との生活に本人がうまく溶け込めるような経験を積み重ねてほしいと考えています。また、その場が居心地の良い場でなければならないとも思います。そのためには少なくとも他の人といっしょに生活できるように様々なことを身に付ける必要があり、同時に支援員にも同じ目的でそれに応じた支援をしてもらう必要性があります。

本人の生活力向上を目的に、4年前から一年につき一件のテーマを実現できるように支援を受けています。本人の能力に応じて少しずつでも生活力を身につけることを目指すもので、わが子の場合、洗濯、食器洗い、着る服を選ぶ、部屋の掃除などを自分でできるように、グループホームと話し合いながら進めています。どれもすぐにはできないことばかりでしたが、一年間という期間を掛けてゆっくりとしたペースで続けています。

　また、以前は私が付き添っていた週末の外出も、今は移動支援や社会福祉協議会のガイドヘルパーを利用するようにしています。そのことで、本人の理解者を一人でも増やし、本人が楽しい一日を過ごせるようにと願っています。幸いにも支援者との心の交流が進み、いまでは私以上にコミュニケーションが取れる支援者も複数います。彼らと後見人との接点もできて、本人に関する情報交換もできるようになってきました。

　住まいについても今後の生活を見据えて検討を重ねました。いまのグループホームとも相談し、将来支援を受けやすい環境を考えて、通院先の病院や馴染みの理髪店などが比較的近いグループホームに移ることになりました。私の元気なうちに本人にも新しい環境に慣れてもらえれば、いつ何があっても本人がまごつかないだろうと考えてのことです。

　親なき後のことを考えると、自分が暮らす環境に本人が順応することが幸せな生活を送るために重要だと思っています。本人を変えるということではなく、暮らしやすい環境を整えるために何が必要なのかを考えながら、私に許される時間の中で（私のボケが始まらないうちに）焦らずゆっくりつくっていきたいと思っています。

介護保険との関係や共生型…

気になる高齢期の福祉サービス

知的・発達障害のある人の高齢期を考える際、福祉サービスの利用は直面する可能性が高い問題です。一般的には65歳以上の人は介護保険制度が優先とされていますが、実際のところはどうなのでしょうか。全国手をつなぐ育成会連合会・政策センター委員を務める又村あおいさんに、気になる点を聞きました。

（法制度は2019年6月時点のもの）

文／又村あおい

全国手をつなぐ育成会連合会・手をつなぐ編集委員会委員、同・政策センター委員、内閣府障害者差別解消法アドバイザー等を務める。

65歳以上は介護保険優先が原則だが…

――障害のある人が65歳になると、介護保険制度を利用しなければならないのか

心配している人もたくさんいます。障害福祉サービスを使っている人は、65歳になったら自動的に介護保険制度へ移るのですか？

65歳以上の人や特定の病気がある40歳以上の人が介護等の公的な支援を利用する際は、障害のあるなしに関係なく介護保険制度を使うことが基本です。障害のある人も原則的には65歳になったら介護保険サービスに移ることになります。

しかし、これには例外があります。利用している障害福祉サービスと同じようなものが介護保険にない場合、引き続き障害福祉サービスを使うことが可能です。

――それは、例えばどんなサービスですか？

大きく分けると三つあります。行動援護や同行援護などの外出付添サービス、就労移行支援や就労継続支援（A型・B型）などの就労支援サービス、認知症以外のグループホームです。

これとは別に、入所施設については介護保険制度の対象外ですので、入所している人は介護保険サービスを利用できません。障害福祉サービスだけを利用することになります。

――介護保険に移らなければならないサービスはどのようなものですか？

対象年齢になったら介護保険制度へ移るのは、自宅に来る居宅介護（ホームヘルプ）、短期入所（ショートステイ）、通所の生活介護の三つになります。これらのサービスを使っている人は、それぞれ訪問介護等、短期入所療養介護（ショートステイ）、通所介護（デイサービス）といった介護保険サービスを利用するこ

図1　介護保険と障害福祉サービスの関係

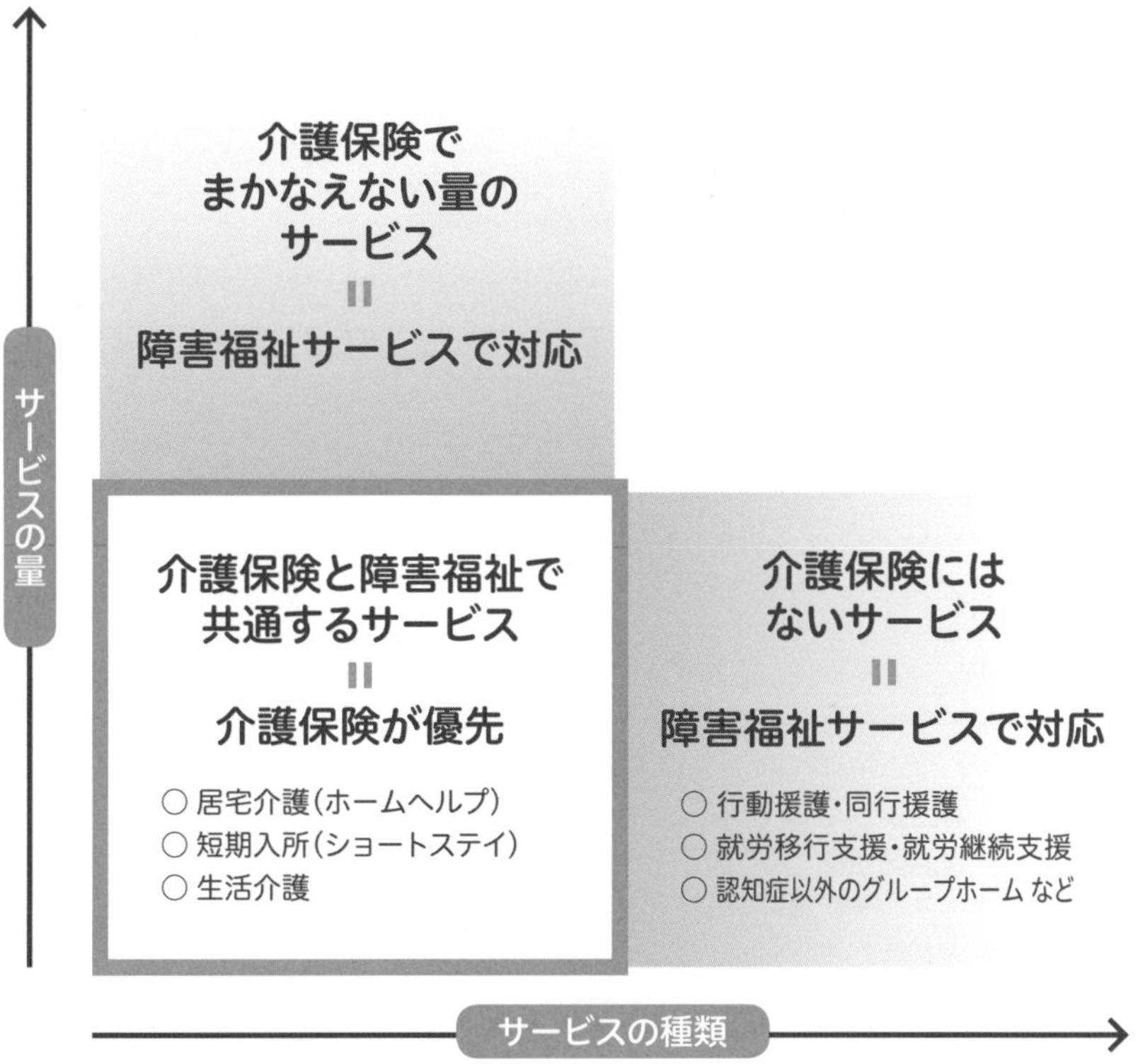

サービスの量（縦軸）／サービスの種類（横軸）

介護保険と障害福祉で共通するサービス	介護保険にはないサービス
＝介護保険が優先	＝障害福祉サービスで対応
○ 居宅介護（ホームヘルプ） ○ 短期入所（ショートステイ） ○ 生活介護	○ 行動援護・同行援護 ○ 就労移行支援・就労継続支援 ○ 認知症以外のグループホーム など

介護保険でまかなえない量のサービス ＝ 障害福祉サービスで対応

とになります。ただし、これらのサービスには一つの事業所が障害福祉サービスと介護保険サービスの両方を提供する共生型という仕組みもあります。共生型については、後ほど説明します。

——介護保険だけでそれまで使っていたサービスの量をカバーできるのか、心配する声もあります。

介護保険を利用する際には必ず要介護認定を受けますが、知的・発達障害のある人は認定が軽くなりがちです。軽い認定だと利用できるサービスの量も少ないため、それまで障害福祉で利用していたサービス量をまかなえない可能性があります。そうした場合、不足分は障害福祉サービスを利用することができます（103ページ**図1**）。お住まいの市町村に取り扱いを確認することが重要です。

——介護保険に移った場合の自己負担はどうなるのですか？

介護保険サービスを利用したときの自己負担は基本的に誰でも1割と決まっています。このため、自己負担が増えると心配している人が多いようです。

障害のある人については、「償還払い」という仕組みが用意されています。これは、60歳の時点で居宅介護・短期入所・生活介護の支給決定を受けて実際に使っているなど条件を満たす人には、介護保険の自己負担分を返金するというものです（**図2**）。

——1割の自己負担が発生するケースはあるのでしょうか？

図2　「償還払い」と利用者・事業者・市町村の相関

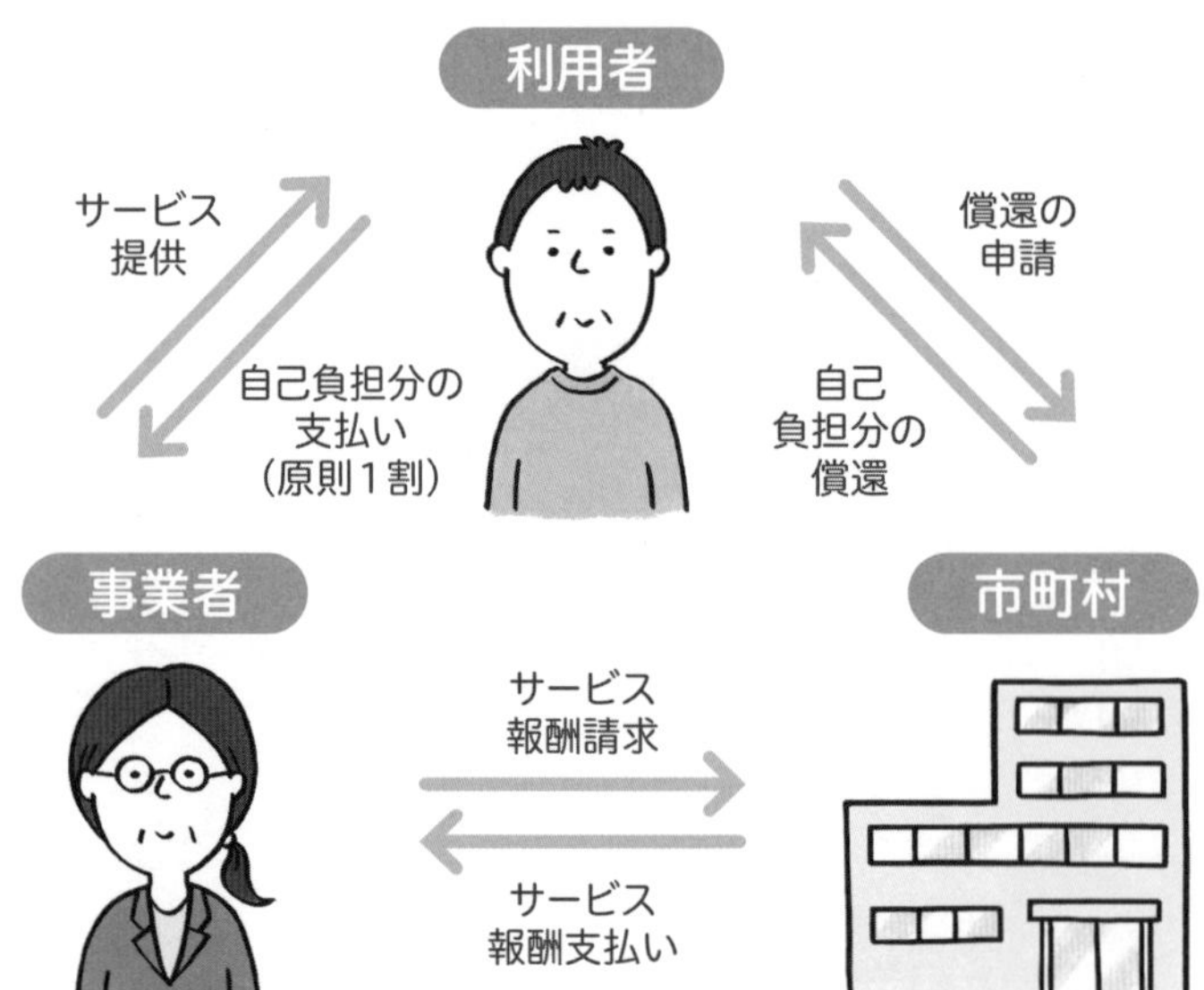

国が示す自己負担軽減対象に当てはまらない場合には自己負担が発生することになります。

まず、60歳時点で居宅介護・短期入所・生活介護のいずれの支給決定も受けていなかった場合。これはちょっと注意が必要です。例えば、58歳までは特例子会社で働いていた人が59歳から就労継続B型へ移行して、63歳から生活介護へ移ったとすると、負担軽減対象から外れてしまいます。こうした場合には、59歳時点でたとえ週1日でもよいので生活介護の支給決定を受けて実際に使っているなどの対応が必要になります（**図3**）。

図3　自己負担が全額返金（償還）になる条件

65歳になるまでに居宅介護（ホームヘルプ）・短期入所（ショートステイ）・生活介護のいずれかの支給決定を5年間以上受けて実際に使っている	65歳になる前日の障害支援区分が2以上
住民税が非課税、または生活保護を受けている	65歳になるまでに介護保険のサービスを利用していない

それ以外の条件としては、障害支援区分が2以上であること、住民税が非課税であること、介護保険サービスを利用していないことの3点がありますが、これらの条件で対象外となってしまう知的障害のある人は、かなり限られると思われます。

共生型はどんな仕組み？

――障害福祉サービスから介護保険へ移る時のルールは分かりましたが、やはり移らなければならないケースもあるようですね。

そうですね。特に生活介護や短期入所は知的障害のある人もたくさん使っていますから、大きな問題です。そこで、2018年4月から「共生型類型」と呼ばれる仕組みがスタートしました。

共生型とは、すでに述べたように障害福祉事業所が介護保険サービスを併設しやすくする仕組みで、一つの事業所が障害福祉と介護保険の両サービスを提供できるようになるため、65歳になっても通い慣れた事業所に在籍したまま介護保険へ移行できるようになります。

——共生型はどのサービスに設定されますか？

居宅介護（ホームヘルプ）、短期入所（ショートステイ）、生活介護の三つです。介護保険へ移るサービスと同じですね。

ただし、これは障害福祉事業所が介護保険サービスを併設する場合の組み合わせで、介護保険事業所が障害福祉サービスを併設する場合には、これに加えて児童発達支援や放課後等デイサービスといった障害児向けの事業を併設する場合もあります。

——共生型は、どのくらい普及しているのですか？

共生型類型は2018年4月からスタートしたものですので、これから徐々に普及していくと思われます。特に知的障害のある人については本格的な高齢化はまだ少し先ですから、多くの事業所は様子見というところでしょう。ただ、いまの時点で不安視されているのは、報酬の低さです。共生型の実施には特別な職員配置などは不要で、届け出さえすればすぐに実施できるのですが、報酬は介護保険に対して92～93％とかなり見劣りします。介護保険サービスを展開するからには報酬の請求も介護保険側にしなければならず、事務負担の増加も懸念されて

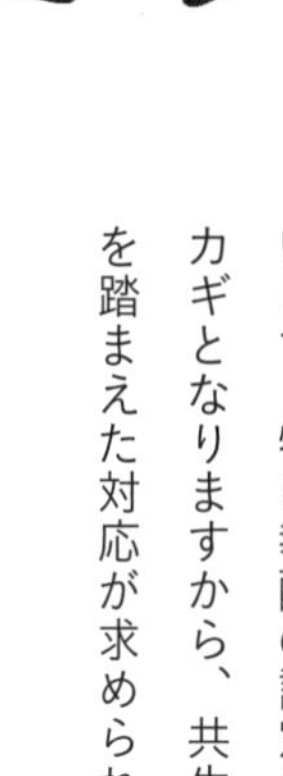

います。特に報酬の設定は事業所参入のカギとなりますから、共生型の普及状況を踏まえた対応が求められます。

――通い慣れた事業所に65歳以降も通いつづけたいという人は少なくありません。利用している事業所が「共生型」になるためには、どうしたらいいのでしょうか？

　先ほども触れたとおり、障害福祉事業所が共生型になること自体にハードルはありません。特別な職員配置などは不要で、届け出さえすればすぐに実施可能です。もちろん、介護保険のデイサービス事業所が生活介護を併設する逆のパターンも同様です。これにより、高齢期を迎えてもそれまでと同じ事業所に通いつづけられるのはもちろんのこと、近隣の介護保険事業所が利用できる可能性も広がります。

　その意味では、現に利用している事業所が共生型になるよう働きかけるだけでなく、近隣に信頼できる介護保険事業所がある場合には、障害福祉サービスの併設について相談することも視野に入るでしょう。

　このように、今回の法改正では高齢期を迎えた知的障害のある人の通所先についてはいろいろな選択肢が考えられるようになった点が特徴といえます。

日中サービス支援型グループホームと地域生活支援拠点って？

――「日中サービス支援型」のグループホームについて教えてください。

　重度障害のある人や高齢期を迎えた障害のある人を主な利用対象としたグループホームです。

　これまでのグループホームとの一番の違いは、平日における日中活動の支援を提供できる点です。グループホームで暮らす利用者は、通常だと日中は仕事に出たり通所サービスを利用したりと、外で過ごすことが基本となるため、昼間のグループホームは職員配置が手薄になりがちでした。しかし、重度障害や高齢期の人は毎日どこかへ通うことが難しい場合もあるので、新たに日中も支援する類型を置いたわけです。

――夜間も支援者の配置が手厚くなるのですか？

基本の職員配置は通常のグループホームと同じです。ただ、通常は6対1の世話人の配置を3対1まで増やすことができるほか、夜勤者や宿直者を手厚くした場合の加算も設定されています。

また、日中サービス支援型の実施形態をみると、二つのグループホームを組み合わせているケースが多くなっていますので、それらのグループホームが近接していれば、緊急対応が必要な時などに相互支援することも可能となります。

それ以外の特徴として、短期入所の併設が挙げられます。グループホームの定員とは別に短期入所専用の部屋を1～5人分確保することになっています。日中サービス支援型はある程度の職員配置になることが予想されますので、地域にお

ける緊急対応を支援する役割が期待されているといえるでしょう。

――「地域生活支援拠点」という名前も聞くのですが、これは何ですか？

地域生活支援拠点とは、障害のある人が地域で安心して暮らし続けることができるよう、安定した地域生活を実現するために必要な各種の機能を整備する取り組みのことです。

名称は地域生活支援「拠点」となっていますが、必ずしも新しい施設ができるわけではありません。「面的整備」と呼ばれる、既存の事業所を組み合わせて整備する手法も認められています。全国的には面的整備が圧倒的に多い状況です。

――具体的にどんな機能を持つのですか？

国から示されている機能は、具体的には「相談支援機能」「体験の機会・場の提供機能」「緊急時の受け入れ・対応機能」「専門的人材の確保・養成機能」「地域の体制づくり機能」の5点です。なかでも相談と緊急対応の機能は、家族同居が多い知的障害のある人にとって欠かすことのできない機能です。特に本人が高齢期を迎えるとなれば、その親はさらに高齢になっているので、緊急対応が非常に重要となります。その意味で、先ほど触れた日中サービス支援型グループホームは短期入所を併設しますから、拠点整備の一翼を担う可能性がありますね。

――地域生活支援拠点はいつまでに整備するのでしょうか？

地域生活支援拠点の整備は、国の資料では2021年3月までとされており、各地でこの期限を目指して検討が進められていますが、期限までにすべてが完璧に整備できる地域は極めて限られているのが現状です。

ただ、期限を気にするあまり整備すべき機能が十分に満たされないというのでは意味がありません。「期限が迫ってきたので今ある資源で『面的整備』が完了したことにしてください」では、本末転倒ですね。

こうした状況を避けるためにも、まずは期限までに地域ごとの「完成図」を共有し、実際の整備は2021年4月以降も引き続き進めていくことを目指してほしいと思います。特に地域生活支援拠点の整備は高齢期を迎えた知的障害のある人や家族にとって重要な取り組みですから、各地でしっかり議論していただきたいと思います。

おわりに

私の息子は、44歳になります。生まれて3日目に先天性十二指腸閉塞で手術をし、その後も3回の手術。言葉はなく、言葉の理解も極わずか。食事、着替え、お風呂、トイレなど、すべてに支援が必要で、障害支援区分6の最重度です。私が体調を崩したのをきっかけに入所施設を利用しています。一昨年に息子が心臓の手術を受けた際は、入院中は夫と私で仕事をすべて休み、付き添いを行いました。夫婦とも元気ですから対応できましたが、息子が退院して施設に戻ったとたん、夫婦でドッと疲れを感じたことを思い出します。

この時に感じたのは、将来への不安でした。全介助の息子は年齢とともに病気になることも増え、暮らし方も変わっていきます。10年後にこのようなことが起こったら、夫婦では対応できないのではないか。その時、誰が息子を見てくれるのだろうか。2人の妹にもそれぞれに子どもがいて生活があります。親として胸が苦しくなるような不安を抱きました。

こうした不安は、私たち知的障害のある人の親として多くの人が感じることだと思います。年齢や生活環境によっても不安や悩みは大きく違うと思いますが、さまざまな思いが駆けめぐり、時間だけが過ぎていくと感じる方もいらっしゃるかもしれません。

本書でも取り上げているように、知的障害のある人が一般の地域で生きていくために必要な支援や福祉サービスは増えてきています。こうした福祉制度・サービスの充実は、私たちがずっと訴えかけてきたものです。その原動力となったのは、「私たち親がいなくなっても、わが子が安心して生きていけるように」という思いでした。

しかし、私たち親は、自分が命を全うした後に障害のある子どもがどういった生活を送るのか、見ることはできません。その不安を解消しようといかに精緻な「親なき後の設計図」を描いたとしても、その通りにいくとは限りません。その設計図を本人が気に入ってくれるかどうかもわかりません。それよりは、障害のある人が自ら設計図を描けること、あるいは描くことを手伝ってくれる人や仕組みをつくっていくことのほうが大切だと思うのです。なにかうまくいかないことがあれば一緒に描き直し、本人の希望を汲んで描き足してくれる…。そんな「誰か」がいれば、ずっと安心できるのではないでしょうか。

その「誰か」はかつて、特定の個人や施設を指しました。しかしいまでは、本人を受け止めるネットワークができてきています。様々な人たちが本人と一緒に人生の設計図を描いてくれること。そうした環境が実現するよう働きかけていくことが、私たちの「安心」につながると思うのです。そのために、本書で取り上げたような相談・医療・住まい・お金の4つの要素を地域のネットワークの中でつなぎ、知的障害のある人たちが高齢期を迎えても住み慣れた環境で生活していけるようにしていく必要があります。決して一人で悩まず、周囲を巻き込んでこれからのことを考えてほしいと思います。

そうした思いを込めて、この『「親なき後」をみんなで支える』をつくりました。私たちの思いを汲んで取材や執筆にご協力いただいた皆様、すてきなイラストを描いてくださった平井きわさん、誌面をデザインしていただいた信田千絵さん、企画に携わってくださった権利擁護センター委員の皆様には、この場を借りてお礼申し上げます。

全国手をつなぐ育成会連合会会長　**久保厚子**

「親なき後」をみんなで支える
知的障害のある人の高齢化を考える4つのポイント

2019年7月19日　初版第1刷発行
2023年1月18日　初版第5刷発行

著者　大村美保・福岡寿・村岡美幸・荒井隆一・渡部伸・又村あおい
編集　一般社団法人全国手をつなぐ育成会連合会
発行者　久保厚子
発行所　一般社団法人全国手をつなぐ育成会連合会
〒160-0023 東京都新宿区西新宿 7-17-6 第三和幸ビル 2C
TEL:03-5358-9274　FAX:03-5358-9275（代表）
E-mail　info@zen-iku.jp
URL　http://zen-iku.jp

イラスト　平井きわ
デザイン　信田千絵（エムクリエイト）
印刷・製本　社会福祉法人東京コロニー

定価はカバーに表示しています。落丁・乱丁本はお取り替えいたします。

ISBN 978-4-909695-02-4　C0036

Printed in Japan